हिन्दी और मलयालम

तुलनात्मक साहित्य

एक परिचय

हिन्दी
और
मलयालम
तुलनात्मक साहित्य
एक परिचय

सम्पादक

प्रो. (डॉ.) पी.जी. शशिकला

वाणी प्रकाशन

पेपरबैक प्रथम संस्करण : 2023

वाणी प्रकाशन
4695, 21-ए, दरियागंज, नयी दिल्ली 110 002
फ़ोन : +91 11 23273167 फ़ैक्स : +91 11 23275710
शाखाएँ
अशोक राजपथ, पटना 800 004, बिहार
कॉफ़ी हाउस कैम्पस, महात्मा गांधी मार्ग, इलाहाबाद 211 001, उत्तर प्रदेश
महात्मा गांधी अन्तरराष्ट्रीय हिन्दी विश्वविद्यालय, वर्धा 442 001, महाराष्ट्र
36/ए, शेक्सपीयर सरणी, रानी बिरला गर्ल्स कॉलेज के पास, कोलकाता 700 017, प. बंगाल
www.vaniprakashan.com
marketing@vaniprakashan.in
sales@vaniprakashan.in

Hindi aur Malyalam Tulnatmak Sahitya : Ek Parichay
Edited by Prof. (Dr.) P.G. Shashikala

ISBN : 978-93-5775-946-5
Criticism

मूल्य : ₹ 195

आर. टेक ऑफ़सेट प्रिंटर्स, दिल्ली-110 032 में मुद्रित

वाणी प्रकाशन का लोगो मक़बूल फ़िदा हुसेन की कूची से

अनुक्रम

तुलनात्मक साहित्य

तुलना साहित्य

तुलना शब्द संस्कृत 'तुल' धातु से बना है जिसका अर्थ है तोलना, मापना, दो चीजों की बराबरी करना, उनमें साम्य, वैषम्य ढूँढ़ना और साथ-साथ उनकी विशेषताओं को भी परखना अर्थात् दो चीजों, व्यक्तियों, तथ्यों एवं स्थितियों के बीच साम्य वैषम्य उनके गुण-धर्मों को तोलकर उनकी समतुल्यता की परीक्षा करने का कार्य तुलना का है। शुरू में साहित्य के सन्दर्भ में उसका उपयोग व्यापक धरातल पर नहीं हो रहा था। डॉ. रवीन्द्र कुमार जैन ने इसे नदी की धारा का प्रतीक देकर कहा है—"एक नदी की दो धाराएँ जो कालान्तर में पर्याप्त दूर एवं भिन्न हो गयी हैं, उनके भेदक कारणों का विश्लेषण कर उनकी मूलभूत एकता स्थापित करना है।"

ऑक्सफोर्ड डिक्शनरी में तुलना को इस तरह स्पष्ट किया गया है—"The action an act of comparing likening or representing as similar to compare, to match to represent as similar to mark the similarities and differences of to bringing together for the purpose of nothing these comparison comparable conditions or character the action or an act of nothing similarities and differences comparison may sometimes illustrate but prove nothing".

किन्हीं दो वस्तुओं के समान गुणों एवं अन्तरों के उद्घाटन अथवा प्रस्तुतीकरण अथवा इन्हीं विशेषताओं के संयोजन को तुलना कहा गया है, तुलना कभी-कभी आरम्भ में सम्भावनापूर्ण लग सकती है पर अन्ततः उससे कुछ भी सिद्ध न हो सके वह भी होता है। तुलना का सामान्य अर्थ इस प्रकार है—"किन्हीं दो वस्तुओं का कतिपय समान गुणों के आधार पर पूर्णतया जानने के लिए परीक्षण या तुलना करना या तोलना अर्थात् यह भी कहा जा सकता है—दो या दो से अधिक वस्तुओं के समान एवं असमान तत्त्वों को ज्ञात करने के लिए उन्हें साथ रखकर करना।

दो वस्तुओं की असमानता की मात्रा का पता लगाने हेतु भी तुलना की जाती है।" प्रसिद्ध विश्वकोशकार वेबस्टर के आधार पर यह कहा जा सकता है कि दो वस्तुओं के साम्य वैषम्य की निष्पक्ष जाँच के लिए तथा निष्कर्ष प्राप्ति के लिए भी तुलना की जाती है।

तुलनात्मक साहित्य

तुलनात्मक साहित्य अंग्रेजी के 'कम्पेरेटिव लिटरेचर' का हिन्दी अनुवाद है। एक स्वतन्त्र विद्याशाखा के रूप में विदेश के विभिन्न विश्वविद्यालयों में इसके अध्ययन अध्यापन के कार्य को विशेष महत्त्व दिया जा रहा है। अंग्रेजी कवि एवं समीक्षक मैथ्यू अर्नाल्ड ने सन् 1848 में अपने मित्र को लिखे पत्र में सबसे पहले कम्परेटिव लिटरेचर पद का प्रयोग किया था, जिसमें उसके विविध अंगों पर विचार किया गया है। तत्पश्चात हुत्सेसन मैकॉले पासनेट ने 'द सायन्स ऑफ कॅम्पॅरिटिन लिटरेचर' (1886) नामक लेख में इस नूतन शास्त्र के तत्त्वों एवं पद्धतियों का विवेचन किया है। फिर भी फ्रांस तथा जर्मनी के बाद ही यह संज्ञा अंग्रेजी में प्रयुक्त होने लगी।

तुलनात्मक साहित्य को व्याख्यायित करने का श्रेय फ्रेंच तुलनाकारों को जाता है। पॉल वॉन टिघेम का कहना है, तुलनात्मक साहित्य का उद्देश्य मूलत: विभिन्न साहित्यों के पारस्परिक सम्बन्धों का अध्ययन है। एम.एफ. ग्यूयर्द ने तत्त्व एवं आशय यहीं रखकर तुलनात्मक साहित्य को अन्तरराष्ट्रीय साहित्यिक सम्बन्धों का इतिहास कहा। जे.एम. कॅरे के अनुसार तुलनात्मक साहित्येतिहास की एक शाखा है, तथ्यानुपरक सम्पर्कों के आधार पर तुलनात्मक का अर्थ है उसकी परिधि से साहित्यालोचन को हटा कर मात्र विषय संग्रह को तुलनात्मक साहित्य मान लेना। फ्रेंच तुलनाकार से अमेरिकी तुलनाकारों का तर्क पृथक है। हेनरी एच.एच. रेमाक ने सन् 1961 में तुलनात्मक साहित्य की विस्तृत व्याख्या की Comparative literature is the study of literature beyond the confines of on particular country and the study of the relationship between literature on the one hand and other areas of knowledge and belief such as the arts. (Painting, sculpture, architecture, music) philosophy. history the social science the sciences of religion etc, on the other."

अर्थात् तुलनात्मक साहित्य एक राष्ट्र के साहित्य की परिधि से परे दूसरे राष्ट्रों के साहित्य का तुलनात्मक अध्ययन है। उसमें एक ओर से साहित्य के परस्पर सम्बन्धों का तो दूसरी ओर कला (चित्र, शिल्प, वास्तुरचना, संगीत) तत्त्वज्ञान, इतिहास, समाजशास्त्र के विभिन्न क्षेत्रों के आपसी सम्बन्धों का अध्ययन है।

इससे यह स्पष्ट होता है कि साहित्यकार सदैव विश्व की अनेकता में एकता खोजने के लिए प्रयत्नशील रहता है। तुलनात्मक अध्ययन का भी यह एक प्रक्रियागत मूल्यान्वेषण रहता है कि वह विभिन्न राष्ट्रीय साहित्यों में एकता स्थापित करने का प्रयास करें। यह भी कहा जा सकता है कि तुलनात्मक साहित्य देश के साहित्य और संस्कृति को अन्य देशों के साहित्य और संस्कृति से सम्बद्ध करता है। सामान्यतः तुलनात्मक साहित्य दो देशों के साहित्यों या दो विभिन्न राष्ट्रों के लेखकों के तुलनात्मक सम्बन्धों का अध्ययन करता है। डॉ. आनन्द पाटील ने भारतीय सन्दर्भों को ध्यान में रखते हुए तुलनात्मक साहित्य को इस प्रकार परिभाषित किया है कि "तौलनिक साहित्य म्हणजे अभ्यासकाच्या समकालीन, संस्कृति सापेक्ष स्वत्वाच्या प्रादेशिक आधाररेषा प्रथम पक्या आखून सांस्कृतिक, राष्ट्रीयता व भाषांच्या सीमा छेदणारी वाङ्मय आणि इतर कला, साहित्य शास्त्रे विज्ञाने, साहित्य आणि नवी-जुनी ज्ञानक्षेत्रे तसेच अभिव्यक्ति पद्धतीच्या परस्पर व्यामिश्र सम्बन्धाची अनेक विद्याशास्त्रीय दृष्टिकोन वापरुन विविध पातळयांवर केलेली तुलनात्मक चिकित्सा होय।" अर्थात् तुलनात्मक साहित्य से तात्पर्य यह है कि अध्ययनकर्ता अथवा सहृदय, समकालीन संस्कृति-सापेक्ष भावना से प्रादेशिक विशेषताओं की आधार रेखाओं को आत्मसात करते हुए (प्रादेशिक) राष्ट्रीय एवं विभिन्न भाषा-भाषी सीमाओं से उभरकर ज्ञान के क्षेत्र में प्रवेश करता है। सामान्यतः साहित्य और अन्य कला- साहित्य (स्थापत्य, चित्रकला, संगीत, नृत्य) तथा अन्योन्य शास्त्र विज्ञान (साहित्य एवं नये पुराने ज्ञानक्षेत्र) वैसे ही मानव अभिव्यक्ति की पारस्परिक पद्धतियों के विविध विद्याशाखाओं का दृष्टिकोण अपनाते हुए विभिन्न धरातलों पर की गयी तुलनात्मक आलोचना है। कतिपय विद्वानों की राय में साहित्य का तुलनात्मक अध्ययन और तुलनात्मक साहित्य दो भिन्न पद्धतियाँ हैं। पॉल वॉन टिधेम ने साहित्य के अध्ययन की तुलनात्मक और सामान्य पद्धति में फर्क महसूस किया। उनके अनुसार, "तुलनात्मक साहित्य के अन्तर्गत दो या अधिक साहित्यों का तुलनात्मक अध्ययन प्रस्तुत किया जाता है और यह अध्ययन पारस्परिक सम्बन्ध, विकास स्वरूप-विवेचन, काव्यशास्त्रीय आदि होता है। सामान्य साहित्य के अन्तर्गत वे साहित्यिक प्रवृत्तियाँ आलोचना और पद्धतियाँ आदि विवेचित होती हैं जो अनेक साहित्य को समान रूप से प्रभावित करती हैं।" तुलनात्मक अध्ययन साहित्य की विभिन्न रचनाओं, प्रवृत्तियों, युग-विशेषताओं, संस्कृतियों को व्यापक दृष्टि से देखने की एक आलोचनात्मक प्रक्रिया है। जो दो साहित्यों के परिप्रेक्ष्य से प्रारम्भ होकर अनेक साहित्यों से प्रवाहमान होती हुई, काल की सीमाओं को तोड़ती हुई, विश्व

साहित्य के व्यापक एवं गहरे सन्दर्भ में प्रतीयमान होती है। सेंटसबरी ने तुलनात्मक साहित्य की अपेक्षा तुलनात्मक आलोचना नाम अधिक संगत माना है।

ग्योएथेने सन् 1827 में 'वर्ल्ड लिटरेचर' संज्ञा का प्रयोग किया था। यूरोप का साहित्य ही विश्वसाहित्य है। ऐसी रूपरेखा उनके सामने थी। भारतवर्ष में रवीन्द्रनाथ ठाकुर ने सन् 1907 में तुलनात्मक साहित्य के लिए 'विश्वसाहित्य' शब्द का प्रयोग किया था। अपने भाषण में उन्होंने कहा था कि "यदि हमें उस मनुष्य को समझना है जिसकी अभिव्यक्ति उसके कर्मों, प्रेरणाओं तथा उद्देश्यों में होती है, तो सम्पूर्ण इतिहास के माध्यम से हमें उसके अभिप्रायों से परिचित होना है। मनुष्य लगातार अपने उद्देश्यों की पूर्ति के लिए काम करता रहता है और अपने को सबके साथ सम्बद्ध करने के लिए प्रयत्नशील होता है।"

इस पर शिशिर कुमार की टिप्पणी महत्त्वपूर्ण है, "अस्सी बरस पूर्व रवीन्द्रनाथ टैगोर 'तुलनात्मक साहित्य' पर विचार व्यक्त कर चुके थे, वह विद्याशाखा आज भी 'स्व' की खोज में है।" उसे पाश्चात्य देशों में अभी तक मान्यता मिली नहीं, वैसे भारत में उसका अस्पष्ट रूप है लेकिन भारत विगत अस्सी वर्षों में गंगा, जमुना और माण्डवी नदी में काफी पानी बह चुका है। वैश्विक संरचना में संचार माध्यमों की विस्फोटक स्थिति में पूरे विश्व को एक विशाल गाँव में Village Structure में तब्दील कर दिया है। अत: तुलनात्मक साहित्य भी संचार माध्यम के अभूतपूर्व प्रभाव, प्रयोग एवं परिवर्तन के कारण विभिन्न राष्ट्रों, भाषाओं और साहित्य शास्त्रों की अन्तर्वती प्रक्रिया से अभिनव स्वरूप अख्तियार कर रहा है। अत: प्रेमचन्द (भारत) और गोर्की (रूस) पाब्लो नेरूदा (अमेरिका) और निराला (भारत) गिरीश कर्नाड (कन्नड) और विजय तेंडुलकर (मराठी) के रचनाकारों की पारस्परिक तुलना हमारा सांस्कृतिक अध्ययन का सशक्त आधार कार्य है।

तुलनात्मक साहित्य की परिभाषा

तुलनात्मक साहित्य एक से अधिक भाषाओं में रचित साहित्य का अध्ययन है और तुलना इस अध्ययन का मुख्य अंग है। कोचे का कहना है कि 'तुलनात्मक साहित्य' एक स्वतन्त्र विद्यानुशासन बन ही नहीं सकता क्योंकि किसी भी साहित्यिक अध्ययन के लिए तुलना एक आवश्यक अंग है। दूसरे विद्वान भी कहते हैं कि साहित्य का अध्ययन करते हुए तुलना करने का मतलब सीधे साहित्य का अध्ययन करना ही है क्योंकि अरस्तू के समय से ही 'तुलनात्मकता' आलोचनात्मक व्यवहार का एक आवर्तक आयाम रहा है। चाहे एक भाषा में लिखित साहित्य का अध्ययन हो अथवा

एक से अधिक भाषाओं में लिखित तुलनात्मक साहित्य का अध्ययन हो, दोनों ही स्थितियों में अध्ययन का केन्द्रीय विषय साहित्य ही है और इसीलिए तुलनात्मक साहित्य को किसी एक भाषा में लिखित साहित्य के अध्ययन से अलग नहीं किया जा सकता। यह सच है कि कोई भी आलोचक किसी भी लेखक की कृति में निहित विशिष्ट प्रवृत्ति को उभारने के लिए अनायास ही एवं स्वचालित रूप में अन्य किसी तुलनीय कृति के साथ उसकी तुलना करता है मगर तुलनात्मक आलोचक के लिए यह काम सचेतन रूप से होता है। वह तुलनात्मक पद्धति का प्रयोग करता हुआ कृतियों में निहित उनकी विशिष्टताओं को प्रकाश में लाता है। दरअसल तुलनात्मक आलोचक के लिए तुलनात्मक पद्धति उसकी आधारभूत पद्धति है। तुलनात्मक साहित्य में विभिन्न भाषाओं में लिखित साहित्यों अथवा उनके संक्षिप्त घटकों की साहित्यिक तुलना होती है और यही उसका आधार-तत्त्व है। तुलनात्मकता एक विशेष प्रकार की मानसिकता अथवा मानसिक दृष्टि है। हेनरी एच.एच. रेमाक का कहना है कि तुलनात्मकता सांश्लेषिक मानसिक दृष्टि है जिसके द्वारा भौगोलिक एवं जातीय स्तर पर साहित्य का अनुसन्धानात्मक विश्लेषण सम्भव हो पाता है। एक उदाहरण के द्वारा इस वक्तव्य को स्पष्ट किया जा सकता है। यदि एक ही भाषा में लिखित साहित्य के अन्तर्गत दो समान या असमान रूपों या प्रवृत्तियों का तुलनात्मक अध्ययन किया जाये, जैसे मीराबाई के भक्तिमूलक गीतों के साथ महादेवी के रहस्यात्मक गीतों की तुलना, तो इसको तुलनात्मक साहित्य कहना सम्भव नहीं क्योंकि इसमें सांश्लेषिक मानसिक दृष्टि के विस्तार की सम्भावना नहीं होगी। फिर दो या उससे अधिक भाषाओं में रचित साहित्य के समान या असमान रूपों या प्रवृत्तियों का तुलनात्मक अध्ययन किया जाये। जैसे रवीन्द्रनाथ ठाकुर के द्वारा रचित बाँग्ला गीतों की मीर या गालिब के द्वारा लिखी गयी उर्दू ग़ज़ल के साथ तुलना की जाये तो इसको तुलनात्मक साहित्य कहा जा सकेगा मगर उसे एक ही राष्ट्र की परिधि में प्रसारित बहुभाषिक साहित्य के आश्रय से निर्मित तुलनात्मक साहित्य कहा जायेगा। मगर जब तुलना किसी एक राष्ट्र की परिधि को पार करके दूसरे राष्ट्रों की भाषाओं में लिखित साहित्य को भी अपने में समेट लेती है जैसे मीरा के गीतों का अध्ययन करते हुए जब उसकी अर्थछवियों की ईरान में उद्भावित सूफी रहस्यात्मक गीतों अथवा अंग्रेजी के रहस्यवादी कवि ब्लेक या डन की कविताओं के साथ तुलना की जाती है तो उसको निश्चय ही तुलनात्मक साहित्य कहा जायेगा। अलग-अलग देशों में जैसे जर्मनी, आस्ट्रिया तथा स्विटजरलैंड में रहने वाले विभिन्न लेखक जब एक ही जर्मन भाषा में अथवा आयरलैंड और अमेरिका में रहने वाले

लेखक जब एक ही अंग्रेज़ी भाषा में उपन्यास या कविता लिखते हैं। तो विभिन्न राष्ट्रों के राजनीतिक तथा सामाजिक परिवेश में अन्तर के आधार पर तुलनात्मक अध्ययन सम्भव है या फिर पश्चिम बंगाल या आन्ध्र अथवा महाराष्ट्र में रहने वाले लेखक एक ही हिन्दी भाषा में साहित्य रचना करते हैं तो उनकी स्थानीय राजनीतिक तथा सामाजिक परिवेश से प्रभावित साहित्य में विषय-वस्तु, शैली तथा टोन में अन्तर आ जाता है और उनका अध्ययन भी तुलनात्मक साहित्य की परिधि के अन्तर्गत समाविष्ट हो जाता है। इस प्रकार प्रसारित नाना साहित्यों के आश्रय से बहुभाषिक एक ही राष्ट्र की परिधि के अन्तर्गत तुलनात्मक साहित्य का अध्ययन हो सकता है।

हेनरी एच. एच. रेमाक ने तुलनात्मक साहित्य की जो परिभाषा दी है, उसमें ये सारी बातें अन्तर्भुक्त हैं। उनके अनुसार तुलनात्मक साहित्य एक राष्ट्र के साहित्य की परिधि के परे दूसरे राष्ट्रों के साहित्य के साथ तुलनात्मक अध्ययन है तथा यह अध्ययन कला, इतिहास, समाज विज्ञान, विज्ञान, धर्मशास्त्र आदि ज्ञान के विभिन्न क्षेत्रों के आपसी सम्बन्धों का भी अध्ययन है। तुलनात्मक साहित्य विभिन्न साहित्यों का तुलनात्मक अध्ययन है या साहित्य के साथ प्रतीति एवं ज्ञान के दूसरे क्षेत्रों का भी तुलनात्मक अध्ययन।

उलरिच वाइनस्टाइन ने अपनी पुस्तक 'कंपैरेटिव लिटरेचर एंड लिटरेरी थियोरी' (1973) में तुलनात्मक साहित्य की विभिन्न परिभाषाओं को दो वर्गों में बाँटा है : (क) पॉल वां टिगहेम (Paul Van Tieghem), ज्यां-मारि कारे (Jean-marie Carre) तथा मारिओस फ्रांस्वास गुइवार्द (Marius Francois Guyard) जैसे पेरिस तथा जर्मन स्कूल के परम्परावादी विद्वानों की संकुचित संकल्पनाओं से जुड़ी हुई परिभाषाएँ तुलनात्मक साहित्य के अध्ययन में साहित्यिक इतिहास के तत्त्व को अधिक महत्त्व देती हैं। दूसरे शब्दों में तुलनात्मक साहित्य के अन्तर्गत साहित्यिक विधाओं या आन्दोलन के आश्रय से किये गये वर्गीकरणों की साधर्म्यता की सार्विक साहित्यिक संवृत्ति का अध्ययन होता है अथवा सामाजिक क्रम विकास की समरूपता के आश्रय से सांस्कृतिक प्रभावों का विवेचन होता है।

तुलनात्मक साहित्य की अन्य परिभाषाएँ

प्रसिद्ध विश्वकोशकार वेबस्टर ने तुलना के अर्थ और आशय को बहुत विश्वसनीय ढंग से स्पष्ट किया है—

"दो या दो से अधिक वस्तुओं के समान एवं असमान तत्त्वों को ज्ञात करने के लिए उन्हें साथ रखकर परीक्षित करना। दो वस्तुओं की असमानता की मात्रा का

पता लगाने के लिए भी तुलना की जाती है। दो वस्तुओं के साम्य-वैषम्य की निष्पक्ष जाँच के लिए तथा निष्कर्ष प्राप्ति के लिए भी तुलना की जाती है।"

रेने वेलेक पासनेट के अनुसार, "साहित्यिक विकास के सामान्य सिद्धान्तों का अध्ययन निश्चय ही तुलनात्मक साहित्य का महत्त्वपूर्ण अंग है।"

डॉ. नागेन्द्र के अनुसार, "तुलनात्मक साहित्य एक प्रकार का अन्त: साहित्यिक अध्ययन है जो अनेक भाषाओं को आधार मानकर चलता है और जिसका उद्देश्य होता हैं—अनेकता में एकता का सन्धान।"

इन्द्रनाथ चौधरी के अनुसार, "तुलनात्मक साहित्य विभिन्न साहित्यों का तुलनात्मक अध्ययन है तथा साहित्य के साथ ज्ञान के दूसरे क्षेत्रों का भी तुलनात्मक अध्ययन है।"

डॉ. रवीन्द्रकुमार जैन के अनुसार, "तुलनात्मक अनुसन्धान के अन्तर्गत किन्हीं दो समकालीन या विषमकालीन समान गुणात्मक प्रतीत होने वाली कृतियों का अध्ययन किया जाता है। यह अध्ययन दो युगों, दो भाषाओं एवं दो व्यक्तियों का हो सकता है। यह अध्ययन गम्भीर, वैज्ञानिक, तटस्थ, सांगोपांग एवं निष्कर्षमूलक होना चाहिए।"

तुलनात्मक साहित्य : स्वरूप

तुलनात्मक साहित्य साहित्यिक समस्याओं का अध्ययन है। जहाँ एक से अधिक साहित्यों का उपयोग किया जाता है। तुलनात्मक साहित्य के अध्ययन के लिए सचेतन तुलनात्मक पद्धति इसकी मौलिक पद्धति है परन्तु नरेश गुहा का कहना है कि तुलना इसकी मुख्य पद्धति नहीं है। वस्तुतः तुलनात्मक साहित्य के अन्तर्गत जहाँ विधा, मोटिव तथा कथावस्तु के स्थानान्तरण या किसी विदेशी लेखक के प्रभाव या स्वीकृति या साहित्य में किसी दूर की तस्वीर के अध्ययन की बात होती है, वहाँ तुलना गौण हो जाती है।

तुलनात्मक अध्ययन की सगोत्रता पर सामान्यत: बल देना बहुत ही आवश्यक है क्योंकि तुलनात्मक साहित्य के कई आलोचक अपनी गतिविधियों के द्वारा तुलनात्मक साहित्य को एक स्वतन्त्र तथा अस्वाभाविक विशिष्टतायुक्त विद्यानुशासन बनाये रखना चाहते हैं। साहित्येतिहास का कोई भी विवेचन आलोचना की सहायता के बिना सम्भव नहीं है क्योंकि साहित्य में केवल मृत तथ्य नहीं होते, प्रासंगिक तथ्य होते हैं। तुलनात्मक साहित्य के अध्ययन में तुलनात्मक आलोचना का योग स्वाभाविक है और आवश्यक भी। इलियट का तो यहाँ तक कहना है कि तुलना तथा विश्लेषण किसी भी आलोचक के महत्त्वपूर्ण औजार हैं। मगर तुलनात्मक

साहित्य सुस्पष्ट ढंग से तुलनात्मक होता है। यह सारसंग्रही हुए बिना क्रमबद्ध ढंग से अध्ययन को आगे बढ़ाता है और इसकी यह एकनिष्ठ दृष्टि इसकी एक पद्धति का संकेत देती है। हालाँकि बुद्धदेव बोस का कहना है कि "यह विभिन्न दर्शनग्राही अध्ययन होता है।"

दरअसल तुलनात्मक साहित्य साहित्यिक अध्ययन की ऐसी शाखा है जो प्रत्येक देश और काल की साहित्यिक अभिव्यक्ति की मूलभूत संरचना से सम्बद्ध है। इसीलिए किसी भी साहित्यिक घटना की सार्वजनीनता से इसका सरोकार है। यही कारण है कि रवीन्द्रनाथ ठाकुर ने भी इसको 'विश्व-साहित्य' कहा था। तुलनात्मक साहित्य का प्रारम्भिक अध्ययन 1800 में मॉडम द स्तवाल (Mme de Stael) ने शुरू किया। इन्होंने मूलत: साहित्येतिहास और साहित्य तथा समाज के सम्बन्ध-सूत्रों का अध्ययन किया। इससे दो साल पहले (1798) फ्रेडरिक श्लेगल ने 'यूनिवर्सल पोयजी' की अवधारणा में तुलनात्मक साहित्य की सार्वदेशीयता को जोड़कर सौन्दर्यबोधक काव्यशास्त्रीय दृष्टि का प्रसार किया था। उनके शब्दों में स्वच्छन्दतावादी काव्य प्रगतिशील विश्वजनीन काव्य है। मगर विश्वजनीनता का अर्थ प्रत्येक लेखक के द्वारा एक ही प्रकार के समतुल्य दृष्टिकोण का अनुभव नहीं है बल्कि ऐसा विस्तृत विषय जिसमें मानवानुभव के लगभग सभी अंग सम्मिलित हुए हों। उसके उपरान्त गोयते ने विश्व साहित्य (Welt literature) की बात कही जिसका अर्थ था एक ऐसी सामान्य विरासत जिसकी अभिव्यक्ति श्रेष्ठ कवियों और सौन्दर्यबोध के लेखकों द्वारा होती है और जो मानवता में निहित सार्वजनीनता को प्रकाश में लाती है।

तुलनात्मक साहित्य एक ओर जहाँ एक साहित्याध्ययन को एक ऐसी पद्धति प्रदान करता है जिससे परिप्रेक्ष्य का विस्तार हो सके वहाँ दूसरी ओर राष्ट्रीय परिधि की संकीर्णता को तोड़ता हुआ विभिन्न राष्ट्रीय संस्कृतियों में प्रभावित प्रवृत्तियों और आन्दोलनों की खोज करता है एवं मनुष्य की दूसरी ज्ञानात्मक क्रियाओं के साथ साहित्य के सम्बन्धों को तौलता है।

तुलनात्मक साहित्य की परिभाषा की दृष्टि से पेरिस तथा अमेरिकी स्कूलों का महत्त्व अधिक है और इन दो सम्प्रदाय भुक्त विद्वानों की विचार-दृष्टियों के आधार पर ही तुलनात्मक साहित्य का स्वरूप स्पष्ट हो सकता।

पेरिस जर्मन स्कूल (तुलनात्मक साहित्य का फ्रांसिसी सम्प्रदाय)

गुइयारद की पुस्तक 'La litterature Comparee' की भूमिका लिखते हुए कारे ने तुलनात्मक साहित्य की साहित्येतिहास का एक भाग कहा है। यह

अन्तरराष्ट्रीय : आध्यात्मिक सम्बन्धों का अध्ययन है तथा बायरन और पुश्किन, गोयते तथा कारलाइल, स्कॉट तथा बिगने अथवा विभिन्न भाषाओं में लिखित साहित्य के लेखकों, जीवनियों, प्रेरणाओं तथा कृतियों के तथ्यानुपरक सम्पर्कों की छानबीन है। दरअसल उन्नीसवीं शती के प्रत्यक्षवादी पाण्डित्य ने ही फ्रांसिसी तुलनात्मकतावाद को उसका स्वरूप प्रदान किया और इसलिए वाइनस्टाइन ने निष्कर्ष में यह कहा कि कारे के अनुसार तुलनात्मक साहित्य साहित्येतिहास की एक शाखा है। यदि तथ्यानुपरक सम्पर्कों के अध्ययन का अर्थ मात्र विषय संग्रह है तो निश्चय ही तुलनात्मक साहित्य अपने सम्मानित रूप को खो बैठता है क्योंकि ऐसा करने पर साहित्य का सौन्दर्यमूलक पक्ष का मूल्य बेमानी हो जाता है। फरनांद बालडेन स्पयरजर (Fernand Balden Sperger) ने इसी नुक्ते को उठाते हुए कहा है कि विषय संग्रह तो लोक वार्ता के आलोचकों के विषय संग्रह के अनुरूप है जो काम उस समय बहुत चल रहा था और यह तुलनात्मक साहित्य हो ही नहीं सकता। इस प्रकार के अध्ययन के फलस्वरूप लेखक का व्यक्तित्व, उसकी प्रेरणाएँ तथा मौलिकता उपेक्षित हो जाती हैं। तथ्यानुपरक सम्पर्कों (प्रमाणों) के आधार पर तुलनात्मक साहित्य के अध्ययन का अर्थ है—उसकी परिधि से साहित्यालोचन को हटाकर मात्र विषय संग्रह को तुलनात्मक साहित्यिक मान लेना। वस्तुतः तुलनात्मक साहित्य के फ्रांसिसी विद्वानों की पहली पीढ़ी साहित्य सुरक्षा के आधार पर अभिनव परिवर्तन तथा पद्धति को नकारते हुए तथ्यात्मक सम्पर्कों तथा दस्तावेजों के विश्लेषण पर ज्यादा बल देती रही। यूरोपीय साहित्य के विस्तृत संश्लेषण का उन्होंने विरोध किया और अनुरूपता या वैषम्य के आधार पर मात्र तुलना की उपेक्षा की। यहाँ तक कि प्रभाव विश्लेषण को भी अनिश्चित तथा अस्पष्ट कहा। फ्रांसिसी विद्वानों की आधुनिक पीढ़ी के आलोचक पीशवाज (Pichois) तथा सो ने इसके विपरीत अपनी मतधारा को प्रस्तुत करते हुए फ्रांसिसी दृष्टिभंगिमा का नये ढंग से प्रसार किया। ऐसे भी विस्तृत संश्लेषण के बिना तुलनात्मक साहित्य के अध्ययन का अनन्त विखण्डनों तथा विभक्ति में समाप्त होने की सम्भावना रहती है। यह सौभाग्य की बात है कि बाद के फ्रांसिसी विद्वानों ने व्यावहारिक ठोस आलोचनात्मक दृष्टि की सहायता से तुलनात्मक साहित्य के क्षेत्र में साम्य या वैषम्यमूलक तुलना तथा प्रभाव के सूत्रों के अध्ययन का प्रसार करते हुए संश्लेषणात्मक दृष्टि की स्वीकार किया और सूक्ष्म साहित्यिक मूल्यों की पहचान कराने वाली अपनी टिप्पणियों को अध्ययन के नये प्रतिमानों के रूप में विकसित किया। एतियमब्ल (Etiemble), ज्जैन (Jeune) तथा पीशवाज और रूसो का योगदान इस दृष्टि से सबसे महत्त्वपूर्ण

है जिन्होंने तुलनात्मक साहित्य के सन्दर्भ में प्रभावशाली संश्लेषणात्मक अध्ययन का प्रसार किया।

मगर संश्लेषणात्मक अध्ययन का अर्थ यह नहीं कि तुलनात्मक आलोचक के लिए साहित्य के द्विआधारी (binary) अध्ययन का कोई मूल्य नहीं है। रेने वेलेक तुलनात्मक साहित्य के सन्दर्भ में द्विआधारी अध्ययन का विरोध करते हुए कहते हैं कि द्विआधारी अध्ययन का मतलब है कि हमें तुलनात्मक साहित्य को साहित्य के 'विदेश वाणिज्य' के रूप में ही स्वीकार करना होगा। और परिणामतः साहित्यिक उत्पादन का आंशिक अध्ययन ही सम्भव हो सकेगा अर्थात् किसी भी भाषा में लिखित मात्र उन्हीं कृतियों का अध्ययन सम्भव होगा जिनका कोई विदेशी द्विआधारी सम्बन्ध है और इस तरह कृति विशेष का स्वतन्त्र विश्लेषण सम्भव नहीं होगा (रेने वेलेक, 1970-71)। रेने वेलेक ने द्विआधारी अध्ययन को तुलनात्मक साहित्य के लिए संकीर्ण अध्ययन माना है परन्तु वह तुलनात्मक अध्ययन की एक पद्धति हो सकती है, इस बात को नकारा नहीं जा सकता। वस्तुतः कृति विशेष का स्वतन्त्र विश्लेषण तुलनात्मक होने पर भी वह एक साहित्य का ही विश्लेषण है मगर द्विआधारी अध्ययन भले ही राष्ट्र की सरहदों को पार न करता हो फिर भी भारत या स्विटजरलैंड जैसे बहुभाषिक देशों के लिए इस प्रकार का अध्ययन तुलनात्मक साहित्य के लिए फलदायक सिद्ध होगा। यद्यपि पेरिस-जर्मन स्कूल साहित्य तथा ज्ञान के दूसरे क्षेत्रों के आपसी सम्बन्धों को कोई महत्त्व नहीं देता है मगर टिगहेम ने द्विआधारी अध्ययन को ही तुलनात्मक साहित्य मानते हुए उसे 'सामान्य साहित्य' से अलग बताया। जहाँ नाना साहित्यों में पाये जाने वाले सामान्य तत्त्वों का अध्ययन किया जाता है। (1921, 170 तथा 174)। इस सम्बन्ध में आगे चलकर विवेचन किया जायेगा। यहाँ मात्र यही कहना है कि पेरिस-जर्मन स्कूल के विद्वानों की दृष्टि 'वैज्ञानिक' है। उनके मूल प्रतिपाद्य के अनुसार तुलनात्मक साहित्य काव्यशास्त्रीय सौन्दर्यात्मक कलापरक अनुशासन नहीं वरन् एक ऐतिहासिक अनुशासन है। इसका सम्बन्ध ठोस यथार्थ से है तथा साथ ही विभिन्न राष्ट्रों के कृतिकारों, कृतियों, पाठकों तथा दर्शकों के तथ्यात्मक, सचेतन निश्चेय सम्पर्कों से भी है। फ्रांसिसी तुलनात्मक साहित्य पारम्परिक ढंग से स्थानान्तरण की प्रणाली, अभिग्रहण, सफलता तथा प्रभाव और आधार-सूत्रों की खोज करता है तथा साहित्य-वस्तु कैसे एक देश से दूसरे देश की यात्रा करती है अथवा एक देश का बिम्ब कैसे दूसरे देश के साहित्य में उजागर होता है। इसका भी पता लगाता है। पेरिस-जर्मन स्कूल ने वस्तुतः विभिन्न साहित्यों के आपसी सम्बन्धों, प्रभाव-सूत्रों, आदान-प्रदान, रूपान्तरणों का

कारण-सम्बन्धी अध्ययन किया है और इस दृष्टि से पेरिस-जर्मन स्कूल के अनुसार तुलनात्मक साहित्य विविध साहित्यों के पारस्परिक सम्बन्धों का अध्ययन है अथवा अन्तरराष्ट्रीय साहित्यिक सम्बन्धों का इतिहास है या फिर यह साहित्येतिहास की एक शाखा है। नहीं तो विभिन्न साहित्यों के पारस्परिक प्रभाव-सूत्रों का अध्ययन करने वाला आधुनिक विज्ञान है।

अमेरिकी स्कूल (तुलनात्मक साहित्य का अमेरिकी सम्प्रदाय)

तुलनात्मक साहित्य का अमेरिकी स्कूल साहित्येतिहास की सामान्य संरचना के अन्तर्गत तुलनात्मक साहित्य के स्थान को निर्धारित करता हुआ एक और ज्ञान के दूसरे क्षेत्रों के साथ साहित्य के सम्बन्ध का अध्ययन करता है और दूसरी ओर साहित्यालोचन को तुलनात्मक अध्ययन के एक महत्त्वपूर्ण अंग के रूप में स्वीकारता है। रेने वेलेक, हेरी लेबिन, डेविड मेलोन आदि विद्वानों ने सादृश्यता, मोटिफ शैली पक्ष, विद्या, साहित्यिक आन्दोलन तथा परम्परा की तुलनात्मक छानबीन के द्वारा साहित्यिक कृतियों के कलात्मक स्वरूप को उद्घाटित किया है। इनके लिए कृतियों, आन्दोलनों तथा मोटिकों के उत्पत्तिमूलक सम्पर्कों का कोई महत्त्व नहीं है। उदाहरण के रूप में प्राच्य तथा पाश्चात्य साहित्य में पाये जाने वाले 'हिप्पोलिटस ट्रायंगल का विश्लेषण करते हुए डोनाल्ड कीन के लिए यह बात महत्त्वपूर्ण नहीं रही कि इस विषयवस्तु की पश्चिम से पूर्व की ओर यात्रा अथवा पूर्व से पश्चिम की ओर यात्रा से सम्बन्धित कोई तथ्य उपलब्ध नहीं है। तुलनात्मक साहित्य के अन्तर्गत ज्ञान के क्षेत्रों तथा प्रतीतियों की छानबीन साहित्यिक तथ्यों को प्रकाश में लाने के लिए महत्त्वपूर्ण हैं मगर परिभाषा के अन्तर्गत, जैसा कि रेमाक का कहना है, उसे स्थान नहीं दिया जा सकता क्योंकि परिभाषा का काम दूसरे साहित्यिक आलोचकों की तुलना में तुलनात्मक आलोचक के क्षेत्र को स्पष्ट करना है। नगेन्द्र भी इस मामले में एक-दूसरे विद्वान प्रावर के अनुरूप अपना मत प्रकट करते हैं कि प्रतीति और ज्ञान के दूसरे क्षेत्रों के साथ साहित्य के सम्बन्ध का अध्ययन तुलनात्मक साहित्य नहीं है। इस प्रकार के अध्ययन को ज्ञान के दूसरे क्षेत्रों तथा साहित्य में पाये जाने वाले तुलनात्मक या तुलनीय तत्त्वों का अध्ययन कहा जा सकता है जिनके आश्रय से साहित्य का प्रसार होता है (1977 : 14-15)। मगर सवाल उठाया जा सकता है कि तुलनात्मक साहित्य के अध्ययन के अन्तर्विद्यावत होने से नुकसान कहाँ है? वस्तुतः जर्मन भाषा में तुलनात्मक साहित्य के लिए Literaturwissenchaft पद का प्रयोग

होता है जिसका अर्थ है साहित्य का तुलनात्मक विज्ञान और इसमें साहित्येतिहास के साथ-साथ साहित्य की सैद्धान्तिक आलोचना अथवा सिद्धान्ताभिमुखी काव्यशास्त्र एवं साहित्यालोचन अथवा पाठाभिमुखी आलोचना अन्तर्भुक्त है। तुलनात्मक साहित्य साहित्येतिहास का विश्लेषण है जिसमें विभिन्न साहित्यों के पारस्परिक यथार्थ सम्बन्धों (rapportsdefat) की छानबीन की जाती है और गम्भीर अध्ययन के द्वारा सारे तथ्यों को उभारते हुए साहित्य को एक जैवीय प्रक्रिया तथा अविच्छिन्न संचित सम्पूर्ण इकाई के रूप में देखा जाता है। तुलनात्मक साहित्य साहित्य के सिद्धान्तों का अध्ययन होता है या फिर यह साहित्यालोचन का विश्लेषण है। उदाहरण के रूप में, विभिन्न भाषाओं में रचित महत्त्वपूर्ण पाँच बासद नाटकों का अध्ययन करते हुए विभिन्न तथ्यों के आश्रय से त्रासदी के स्वरूप या त्रासद पैटर्नों अथवा त्रासदी की किसी महत्त्वपूर्ण परिभाषा का उद्घाटन करना साहित्यालोचन का विश्लेषण है। तुलनात्मक साहित्य के प्रारम्भिक विद्वानों ने आलोचना को इसके क्षेत्र से बाहर रखा था क्योंकि उनके अनुसार आलोचना मूल्यांकन के लिए बाध्य करती हैं और साहित्य के तुलनात्मक ऐतिहासिक तथ्यों के निष्पक्ष विवेचन में बाधा उपस्थित होती है। मगर साहित्येतिहास का कोई भी विवेचन आलोचना से कटकर नहीं हो सकता क्योंकि साहित्य में कोई अनाविष्ट अथवा निरपेक्ष तथ्य नहीं होता, सभी प्रासंगिक होता है। रेने वेलेक का कहना है कि साहित्य के इतिहास के लिए तथ्यों का चयन भी अपने आप में एक आलोचनात्मक क्रिया है तथा वह मूल्यांकनपरक भी है (1970 : 20)। दर्शन की एक शाखा मानकर सौन्दर्यशास्त्र को इस अध्ययन में स्थान नहीं दिया गया है। मगर साहित्य को आधार बनाकर निगमनिक (a priori) सिद्धान्तों को स्पष्ट किया गया है। वस्तुतः जहाँ सैद्धान्तिक आलोचना की बात होगी वहाँ अन्तर्विद्यावर्ती स्तर पर सौन्दर्यशास्त्र का समावेश स्वाभाविक हैं और फिर कोई भी चिन्तनहीन अभिव्यक्ति एक दार्शनिक असम्भाव्यता है और इसीलिए ज्ञान के दूसरे क्षेत्रों के साथ साहित्य का सम्बन्ध जुड़ता है। हमारी चिन्तन-धारा के पीछे एक परम्परा रहती है जिसे हम सामाजिक सन्दर्भ कहते हैं जो एक सामाजिक परिवेश (milieu) से सम्बन्धित संस्कृति का एक हिस्सा होता है इसीलिए साहित्य को उसके सामाजिक या सांस्कृतिक एवं दार्शनिक आधार तथा ऐतिहासिक सन्दर्भ से काटना असम्भव है। इसीलिए साहित्य का अध्ययन अनायास ही अन्तर्विद्यावर्ती बन जाता है। साहित्य की तुलना ज्ञान के दूसरे क्षेत्रों के साथ सम्भव है और इसीलिए वह तुलनात्मक साहित्य का विषय भी है मगर ज्ञान के इन क्षेत्रों के सुसंगत होने पर ही और साहित्य से भिन्न एक स्वतन्त्र तथा निश्चित अनुशासन के रूप में प्रतिष्ठित

रहने पर ही इस प्रकार का अध्ययन सम्भव हो पाता है। अन्दाल, मीराबाई तथा लाल देद की धार्मिक विचारधाराओं का विश्लेषण करते हुए जब अद्वैत रहस्यवाद के स्वतन्त्र विवेचन के साथ इनके साहित्य की तुलना की जाती है तब निश्चय ही यह अध्ययन तुलनात्मक साहित्य के अन्तर्गत स्थान पा जाता है। दरअसल इस प्रकार का अन्तर्विद्यावर्ती तुलनात्मक अध्ययन प्रारम्भ में काफी प्रभावित करता है। मगर इस प्रकार के अध्ययन से एक स्वतन्त्र विद्यानुशासन के रूप में तुलनात्मक साहित्य के विकास में बाधा पहुँच सकती है। तुलनात्मक साहित्य का अध्ययन-खासतौर पर साहित्य की एक संस्था के रूप में प्रकाश में लाना है और इसलिए साहित्येतर विषयों के साथ जोड़कर इसके अध्ययन की बहुत अधिक सार्थकता नहीं है मगर साथ ही एक स्वतन्त्र अकादमिक प्रतिष्ठान के रूप में अपनी साख जमाने के लिए ज्ञान के दूसरे क्षेत्रों की अवहेलना भी ठीक नहीं। आखिरकार अन्तरराष्ट्रीयवाद की वैचारिकी से सम्बद्ध तुलनात्मक साहित्य का अध्ययन ऐसे भी विमुक्त होकर सम्भव नहीं है इसलिए अन्तर्विद्यावती सौन्दर्य शास्त्र समन्वित काव्यशास्त्रीय दृष्टि ही ठीक है मगर ऊपर उल्लिखित चेतावनी को ध्यान में रखते हुए ही अमेरिकी स्कूल की इस दृष्टि को स्वीकारना है। निष्कर्षत: रेमाक की परिभाषा को आधार बनाकर तुलनात्मक साहित्य की निम्नलिखित परिभाषा प्रस्तुत की जा सकती है :

तुलनात्मक साहित्य एक स्वतन्त्र विषय है जिससे विभिन्न भाषाओं में रचित साहित्यों की एक सम्पूर्ण इकाई के रूप में व्यापक पहचान की और अधिक सम्भावना बनती है। यह काम केवल विभिन्न भाषाओं में रचित साहित्यों की तुलना से ही नहीं वरन् मानवीय ज्ञान तथा प्रतीतियों, विशेष रूप से कलात्मक तथा वैचारिक क्षेत्रों के साथ तुलना से ही सम्भव हो सकता है। तात्पर्य है कि तुलनात्मक साहित्य के अध्ययन में क्षेत्रीयता अथवा भौगोलिकता (geographically) तथा वैचारिक जातिगतता (generically) के आश्रय से साहित्य के विश्लेषण का प्रसार होता है।

हिन्दी तुलनात्मक साहित्य के स्वातन्त्र्य पूर्व प्रगति में प्रो. नगेन्द्र का योगदान काफी महत्त्वपूर्ण है। स्वातन्त्र्योत्तर तुलनात्मक हिन्दी साहित्य की चर्चा में उन्होंने सिंह का पक्ष लिया है। 'पन्त जी पर बाह्य प्रभाव', 'फ्रायड और हिन्दी साहित्य', 'अरस्तू का काव्य-शास्त्र' आदि अनेक विषयों पर उन्होंने लिखा है।

हिन्दी राष्ट्रभाषा होने के कारण हिन्दीतर भाषी तुलनाकारों की तुलनात्मक साहित्य में बहुत भूमिका है।

हिन्दी एवं मलयालम साहित्य

केरल की भाषा का नाम मलयालम अभी कुछ ही समय पहले पड़ा था। 'मलयालम' शब्द पहले देश के नाम को व्यक्त करता था। 'मला' (पहाड़) से सटा पड़ा 'अलम' (देश) : इसी अर्थ में पहले 'मलयालम' शब्द प्रयुक्त होता था। यही पद बाद में 'मलयालम' बना होगा। इसके बाद भी 'मलयाण्मा', 'मल-वायुमा' –ये दोनों संज्ञाएँ भाषावाची के रूप में प्रचलित थीं। आज देश नाम का पद 'मलयालम' ही भाषा नाम के रूप में भी प्रयुक्त हो रहा है।

मलयालम साहित्य का इतिहास काफी लम्बा है। अपनी लम्बी विकास-यात्रा के दौरान मलयालम साहित्य ने अनेकानेक परिवर्तनों को ग्रहण किया है। मलयालम साहित्य के इतिहास को काल-खण्डों में विभाजित करना आसान काम नहीं है क्योंकि एक सर्वमान्य विभाजन प्राय: असम्भव है। फिर भी साहित्यिक आन्दोलनों का आविर्भाव, भाषा का स्वभाव आदि तथ्यों के आधार पर एक सामान्य काल-विभाजन के लिए हम बाध्य भी हैं। इसी वजह से उपर्युक्त बातों के आधार पर मलयालम साहित्य के इतिहास को हम मुख्यत: तीन काल-खण्डों में विभाजित कर सकते हैं। वे कालखण्ड हैं—प्राचीन काल, मध्यकाल और आधुनिक काल।

1. **प्राचीन काल :** यह काल लगभग नौवीं शताब्दी से तेरहवीं शताब्दी तक का है। यह मलयालम साहित्य का उषाकाल है। इस समय में मलयालम पर तमिल का प्रभाव ज्यादा दिखाई देता है। इस कालखण्ड के अन्त में संस्कृत का प्रभाव भी शुरू हो गया था। इस कालखण्ड में मलयालम साहित्य लोकगीतों से सम्पन्न था।
2. **मध्यकाल :** यह चौदहवीं शताब्दी से लेकर अठारहवीं शताब्दी तक का समय है। इस कालखण्ड में संस्कृत के साथ मलयालम का सम्बन्ध काफी सुदृढ़ हो गया। इस काल में मलयालम में अनेक कालजयी रचनाओं का निर्माण हुआ। इस युग में मणिप्रवाल साहित्य का आविर्भाव हुआ। चम्पू,

सन्देशकाव्य आदि काव्य-पद्धतियाँ मणिप्रवाल साहित्य के अन्तर्गत आती हैं। उपर्युक्त काव्य-पद्धतियों के अतिरिक्त गाथा, किलिप्पाट्टु, कथकलि, तुल्लल आदि अन्य काव्य-प्रणालियाँ भी इस कालखण्ड की देन हैं।

3. **आधुनिक काल :** ऐसा माना जाता है कि आधुनिक काल की शुरुआत उन्नीसवीं शताब्दी में हुई है। इस समय में मलयालम साहित्य अंग्रेजी भाषा और साहित्य के निकट सम्पर्क में आ गया। फलस्वरूप मलयालम में अनेकानेक साहित्य-प्रवृत्तियों एवं आन्दोलनों का सूत्रपात हुआ। आधुनिक काल गद्य-साहित्य की विभिन्न विधाओं के विकास का समय भी है।

आगे विभिन्न कालखण्डों की मुख्य साहित्यिक प्रवृत्तियों तथा प्रमुख रचनाओं एवं रचनाकारों का संक्षिप्त परिचय दिया जायेगा।

प्राचीनकाल

मलयालम साहित्य के प्रारम्भिक काल का इतिहास कुछ अस्पष्ट-सा दिखाई देता है। लेकिन यह काफी स्पष्ट है कि प्रारम्भिक दशा में तमिल भाषा का गहरा प्रभाव मलयालम साहित्य पर पड़ा है। दसवीं शताब्दी के पहले कुछ लोकगीतों के अतिरिक्त कोई प्रौढ़ साहित्यिक कृति मलयालम में उपलब्ध नहीं है। दीर्घ कालप्रवाह में लोकगीतों की भी मौलिकता बिगड़ जाने से उनके रचनाकाल का भी पता लगाना काफी कठिन हो गया है।

- **पाट्टु साहित्य :** मलयालम साहित्य की प्रारम्भिक दशा में तमिल के प्रभाव के कारण तमिल-मिश्रित मलयालम कृतियों का ही निर्माण काफी मात्रा हुआ है। ऐसे तमिल-मिश्रित मलयालम काव्यों को 'पाट्टु साहित्य' कहते हैं। पाट्टु साहित्य मलयालम का पहला साहित्यिक आन्दोलन है। पाट्टु साहित्य की एक मुख्य विशेषता उसकी गेयात्मकता है।
- **'रामचरितम्' :** उपलब्ध काव्यों में सबसे प्राचीन मलयालम-रचना 'रामचरितम्' है। यह रचना पाट्टु साहित्य के नियमों का पूर्ण अनुसरण करने वाली है। इसके रचयिता चीरामन। 'रामचरितम्' के कथानक का आधार 'वाल्मीकि रामायण' है, मुख्यतः युद्धकाण्ड। कुछ विद्वानों का कहना है कि यह काव्य योद्धाओं को लक्ष्य करके लिखा गया है। इसी कारण से इसमें युद्धकाण्ड मुख्य बन गया है।
- **'कण्णश्श पाटुकल' :** 'रामचरितम्' के बाद पन्द्रहवीं शताब्दी तक पाट्टु साहित्य सुप्तावस्था में था। उसके बाद कण्णश्श कवियों के द्वारा

पाट्टु साहित्य को एक नयी स्फूर्ति मिल गयी। तत्कालीन मलयालम भाषा की साहित्यिक रचनाओं में 'कण्णश्श पाटुकल' का स्थान सर्वोच्च माना जाता है। कण्णश्शन परम्पु नामक जगह में जिन कवियों का जन्म हुआ वे सब कण्णश्श कवि अथवा निरणं कवि नाम से प्रसिद्ध हुए। इन सब कवियों की कविताओं को सामान्यतः 'कण्णश्श पाट्टुकल्' कहा जाता है।

- **'रामकथा पाट्टु' :** प्राचीन मलयालम-कृतियों में इस रचना का विशेष महत्त्व है। इसके रचयिता अय्यपिल्लि आशान हैं। 'रामचरितम्' के समान यह रचना भी काफी महत्त्वपूर्ण है। 'रामकथा पाट्टु' में आशान ने तत्कालीन भाषा का प्रयोग करके रामकथा-साहित्य की परम्परा को नयी दिशा प्रदान की। गेयात्मकता इस कृति की एक प्रमुख विशेषता है। पाट्टु साहित्य के प्रादुर्भाव से ही मलयालम में नवीन गानात्मक शैलियों का आविर्भाव एवं प्रचार हुआ। तब तक मलयालम में लोकगीतों की प्रचुरता थी। इससे अलग पौराणिक कथाओं को आधार बनाकर काव्य-रचना करने की एक नवी प्रवृत्ति पाट्टु साहित्य से ही शुरू हुई। पाट्टु साहित्य ने जनसाधारण के जीवन में काफी प्रकाश फैला दिया है।

मध्यकाल

ईसा वर्ष के आरम्भ में ही आर्य ब्राह्मण केरल में प्रवेश कर चुके थे और केरलीय जीवन को प्रभावित करने लगे थे। केरल में अपने सांस्कृतिक जीवन को रूपायित एवं परिपुष्ट करना उनका उद्देश्य था। द्रविड़ संस्कृति एवं तमिल भाषा इसके लिए बाधा थी लेकिन धीरे-धीरे तमिल का प्रभाव कम होता गया और विद्या-बुद्धि-सम्पन्न आर्यब्राह्मण अपनी नीति-निपुणता से अपनी शक्ति बढ़ाते गये। उन्होंने अपने मुख्य उपकरण संस्कृत भाषा का खूब प्रचार किया। इसी समय से मलयालम का 'मणिप्रवाल' रूप अर्थात् 'मणि'-रूपी मलयालम शब्दों के साथ 'प्रवाल' (मूँगा) रूपी संस्कृत शब्दों को पिरोने की शैली का प्रचार हुआ। मलयालम से सम्बन्धित पहला भाषावैज्ञानिक ग्रन्थ 'लीला तिलकम्' में 'मणिप्रवालम्' का लक्षण इस प्रकार बताया गया है—'भाषा संस्कृतयोगो मणिप्रवालम्'।

- **मणिप्रवालम् साहित्य :** संस्कृत-मिश्रित काव्यधारा है मणिप्रवालम् साहित्य। यह मलयालम साहित्य के इतिहास के समृद्ध तथा विकासोन्मुख समय का प्रतिनिधित्व करता है। ईसा वर्ष की तेरहवीं शताब्दी में उद्भूत मणिप्रवालम् साहित्य ने मलयालम साहित्य को पूर्णतः अभिभूत किया

और उसके विकास में गति प्रदान की। चम्पू, सन्देशकाव्य आदि काव्य-प्रवृत्तियाँ इस साहित्य के अन्तर्गत आती हैं। मणिप्रबालम् साहित्य अधिकतर नायिका-प्रधान श्रृंगारकाव्य है, जिनमें तद्युगीन केरलीय जीवन की झाँकी तथा नंपूतिरियों (केरलीय ब्राह्मण) की विलासितापूर्ण मनोवृत्ति प्रतिफलित हुई है।

◆ **चम्पू काव्य :** मणिप्रवालम् साहित्य की एक शैली है—चम्पू। साहित्यदर्पणकार ने चम्पू का लक्षण इस प्रकार बताया है- 'गद्यपद्यात्मक काव्यं चपूरित्यभिधीयते' अर्थात् चम्पू में गद्य एवं पद्य का मिश्रण होता है। 'उण्णियाच्ची चरितम्' मलयालम का पहला चम्पू काव्य माना जाता है। रचनाकार का नाम देवन श्रीकुमारन है। ये ही मलयालम के चम्पूकाव्यों के प्रवर्तक माने जाते हैं। इस कृति का रचनाकाल तेरहवीं शताब्दी का उत्तरार्द्ध माना जाता है। 'उण्णिच्चिरुतेवी चरितम्' (कृतिकार- अज्ञात), 'उण्णियाटी चरितम्' (दामोदर चाक्यार), 'चन्द्रोत्सवम्' (कृतिकार-अज्ञात) आदि अन्य महत्त्वपूर्ण चम्पू काव्य हैं।

सोलहवीं शताब्दी तक आते-आते चम्पू-साहित्य को एक नयी दिशा मिल गयी। यहाँ तक आते-आते चम्पू काव्य गणिका जीवन तथा संभोग श्रृंगार से अलग होकर पुराण की ओर उन्मुख हो गया। इस काल में चम्पूकारों ने पौराणिक इतिवृत्तों को स्वीकार करके काव्य-रचना की। पुनम् नंपूतिरि कृत 'रामायणम् चम्पू' इस द्वितीयोत्थान काल की प्रमुख कृति मानी जाती चम्पू काव्यों में 'भारतम् चम्पू' पुराणाश्रित दूसरी महत्त्वपूर्ण कृति है। 'महाभारत' की कथा इसका प्रतिपाद्य है। इसके रचनाकार का कोई स्पष्ट पता नहीं है।

चम्पू काव्यों के अन्तर्गत मपमंगलम् नारायणन नंपूतिरि की रचनाओं को महत्त्वपूर्ण स्थान दिया जाता है। वे रचनाएँ हैं—'नैषधम् चम्पू', 'राजा रत्नावलीयम्', 'कोटियविरहम्', 'बाण युद्धम्' आदि। मधुमंगलम् नंपूतिरि के समकालीन कवि नीलकण्ठन नंपूतिरि के चम्पू काव्य हैं—'चेल्लूरनाथोदयम्', 'तेंगेलनाथोदय' और 'नारायणीयम्'।

◆ **सन्देशकाव्य :** यह काव्य-प्रवृत्ति संस्कृत-साहित्य के अनुकरण पर ही मलयालम में प्रकट हुई है। संस्कृत के महाकवि कालिदास ने ही भारतीय साहित्य में सन्देश काव्यों के लिए एक नियत और प्रौढ़ रूप प्रदान किया था। दूसरे शब्दों में कहें तो कालिदास सन्देश-काव्य के जन्मदाता हैं। कालिदास का अनुकरण करते हुए केरल में भी अनेक सन्देशकाव्यों का निर्माण हुआ है। लक्ष्मीदास कृत 'शुकसन्देशम्', उद्दण्ड शास्त्री कृत

'कोकिल सन्देशम्', पय्यूर वासुदेव भट्टतिरि कृत 'चकोर सन्देशम्', 'भृंग सन्देशम्' आदि इसके उदाहरण हैं।

मलयालम का पहला सन्देशकाव्य है—'उण्णुनीलि सन्देशम्'। मलयालम का दूसरा प्रमुख सन्देशकाव्य है— 'कोकसन्देशम्' (चक्रवाक सन्देशम्) यह पन्द्रहवीं शताब्दी के आरम्भ काल की रचना मानी जाती है। इसमें चातक (कोक) को सन्देशवाहक बनाया गया है। चातक नायक का सन्देश नायिका तक पहुँचाता है। इनके अतिरिक्त मध्यकाल में रचित सन्देशकाव्यों में 'भृंग सन्देशम्' का भी महत्त्व है। इसके रचनाकार रामनेषुत्तच्छन हैं।

- **गाथा साहित्य :** मंजरी नामक द्रविड़ छन्द में लिखी जाने वाली रचनाओं को 'गाथा साहित्य' कहते हैं। 'गाथा' का मतलब 'गान' है अर्थात् गेयता गाथा की मूलभूत विशेषता है। मलयालम के गाथा साहित्य में चेरुश्शेरी नंपूतिरि कृत 'कृष्णगाथा' अथवा 'कृष्ण पाट्टु' का शीर्षस्थ स्थान है मलयालम के प्रथम महाकाव्य के रूप में भी यह रचना आदरणीय है। आधुनिक मलयालम-कविता का प्रथम स्फुरण इस काव्य में परिलक्षित है। श्रीमद्भागवत का दशमस्कन्ध इस रचना का आधार है।
- **किलिप्पाट्टु साहित्य :** विकास काल में ही केरल में युगप्रवर्तक प्रतिभा के रूप में चतु रामानुजन एप्रत्तच्छन अवतीर्ण हुए वे गोस्वामी तुलसीदास की तरह अद्वितीय जननायक तथा प्रगाढ़ अनुभूतिप्रवण कलाकार थे एतच्छन आधुनिक मलयालम के पिता माने जाते हैं आपके समय में केरल की साहित्यिक, धार्मिक, राजनीतिक तथा सामाजिक परिस्थितियों सर्वथा विशृंखलित तथा विपत्तिग्रस्त थीं।
- **ज्ञानप्पाना :** मलयालम के भक्त कवियों की परम्परा में पूत्तानम् नंपूतिरि की महिमा निर्विवाद रूप में मानी गयी है। आप कृष्ण के अनन्य भक्त थे। आपकी बहुचर्चित रचना है— 'ज्ञानप्पाना'। यह एक सुगेय काव्य है) इसमें संसार-निवृत्ति और पारलौकिक सिद्धि महिमा पर विशेष बल दिया गया है। ('ज्ञानप्पाना' के अतिरिक्त पूत्तानम् की रचनाएँ हैं— 'श्रीकृष्णकर्णामृतम्', 'सन्तानगोपालम्' आदि।
- **वंचिप्पाट्टु (नौका गीत) :** केरल नदी-नालों का प्रदेश है। नदी-नालों से भरे रहने से प्राचीन काल में यातायात के लिए नौकाओं का उपयोग काफी मात्रा में किया जाता था। नौकाओं पर विनोद-यात्रा भी होती थी और जलोत्सव भी मनाये जाते थे। जलोत्सव के अवसर पर विनोद तथा उत्साह

बढ़ाने के लिए तरह-तरह के गीत गाये जाते थे। इन गीतों को 'वंचिप्पाट्टु' कहते हैं। यह एक विशेष प्रकार की गान-शैली है। वंचिप्पाट्टु शैली में लिखित रचनाओं में 'कुचेलवृत्तं वंचिप्पाट्टु' का महत्त्वपूर्ण स्थान है। इसके रचयिता रामपुरत्तु वारियर हैं।

- **कथकलि साहित्य (आट्टक्कथा साहित्य) :** कथकलि केरल की एक क्लासिक नृत्य कला है। इसका आविर्भाव सत्रहवीं शती में हुआ। इस नृत्य विद्या में संगीत, साहित्य, नृत्य, अभिनय, वादन आदि अनेकानेक कलाओं का संगुफन हुआ है। कथकलि में गेयपद मणिप्रवालम् में अर्थात् मलयालम एवं संस्कृत-मिश्रित शैली में लिखे जाते हैं। दो गायक, अभिनेताओं के पीछे खड़े होकर संगीतात्मक ढंग से पद गाते हैं। कथकलि में अभिनेताओं द्वारा वाचिक अभिनय नहीं होता है। अभिनय में मुख की भाव-भंगिमा और हस्त-मुद्रा से ही भावों का सम्प्रेषण किया जाता है। कथकलि की वेशभूषा भी एकदम असाधारण, अलौकिक एवं आश्चर्यजनक होती है। मलयालम के महाकवि वल्लत्तोल जैसे कलाकारों के परिश्रम से आजकल कथकलि विश्व की सर्वश्रेष्ठ कलाओं में परिगणित है।

कथकलि साहित्य को सामान्यतः 'आट्टक्कथा साहित्य' कहते हैं। कुछ विद्वान् कोट्टयत्तु तम्पुरान को कथकलि का आविष्कर्ता मानते हैं। तम्पुरान ने अनेक आट्टक्कथाओं की रचनाएँ कीं उनमें प्रमुख हैं—'बकबधम्', 'कल्याण सौगन्धिकम्', 'किर्मीरवधम्', 'कालकेयवधम्' आदि।

उण्णयिवारियर की अनश्वर आट्टक्कथा है—'नलचरितम्'। कथकलि साहित्य को सम्पुष्ट करने वाले अन्य कवि हैं—इरयिम्मन तम्पी और किलिमानूर तम्पुरान। इरयिम्मन तम्पी (1783-1861) की प्रमुख रचनाएँ हैं—'उत्तरा स्वयंवर', 'दक्षयागम्', 'कीचकवधम्' आदि। किलिमानूर तम्पुरान की रचना है 'रावणविजयम्'। इसमें रावण खलत्व का प्रतीक नहीं बल्कि शक्तिशाली राजा का प्रतिरूप है।

- **तुल्लल साहित्य :** पाण्डित्य और हस्तमुद्राओं का ज्ञान जिनको सिद्ध नहीं था, उनको कथकलि का रसास्वादन सुलभ नहीं था। इतना ही नहीं, कथकलि का रंगमंच भी पण्डितों तथा ब्राह्मण-वरेण्यों के मठों या राजमहलों के आँगनों में ही बनता था। एक नयी नृत्य-विद्या को लेकर कुंचन नंपियार साधारण जनता के बीच अवतीर्ण हुए। आपकी इस नयी नृत्य-विद्या को 'तुल्लल' कहते हैं। 'तुल्लल' शब्द का अर्थ—'द्रुतगति से पाद-चलन व ताल के साथ किया जानेवाला नृत्य विशेष' है।

'तुल्लल' से जुड़ा हुआ साहित्य है तुल्लल साहित्य। इसमें हास्य रस की प्रधानता है। तुल्लल साहित्य की पूरी रसनीयता नृत्य के माध्यम से ही प्राप्त हो सकती है। 'तुल्लल' में अभिनेता स्वयं गीत गाता है और हस्तमुद्रा तथा भाव-भंगिमा से अर्थ को स्पष्ट करता है।

मलयालम रामकाव्य परम्परा और एषुत्तच्छन्

मध्यकालीन भारतीय साहित्य का आधार भक्ति है और भक्ति चेतना ने दो युगान्तरकारी पुरुष राम तथा कृष्ण के अवदानों को लेकर अपना विकास प्राप्त किया। इस भक्तिधारा ने समस्त भारतीय भाषाओं के साहित्य का आश्लेष किया और भक्ति की सुरसरिता साहित्य में प्रवाहित हुई।

मलयालम में राम-काव्यों की एक सुदीर्घ परम्परा रही है। यहाँ वाल्मीकि कृत रामायण तथा अध्यात्म रामायण का पठन-पाठन होता रहा और इन दोनों ग्रन्थों ने रामायणकारों का मार्ग-दर्शन किया।

मलयालम भाषा में उपलब्ध अति प्राचीन रामकाव्य 'रामचरितम्'। यह ग्रन्थ पाट्टु (गीत) शैली का समुज्वल उदाहरण है। रचयिता का नाम चीरामन।

रामकाव्यों की परम्परा में 'रामकथा पाट्टु' दूसरी कड़ी है। इसके रचयिता तिरुवितांकूर के नेय्याट्टिनकरा के कोवलम् नामक प्रदेश के एक कृषक अय्यं पिल्लै आशान थे। वे भक्त थे और उसी भक्तिविह्वल हृदय के उद्गार ही इसी कृति का सर्वस्व हैं। यह ग्रन्थ बहुत समय तक प्रकाश में नहीं आ पाया था। इसे सर्वप्रथम प्रकाश में लाने का श्रेय डॉ. पी. के. नारायण पिल्लै को प्राप्त होता है। उन्होंने बड़ी विस्तृत व्याख्या तथा टिप्पणियों के साथ सन् 1965 में इसे प्रकाशित कराया।

निरणम् कवियों में प्रसिद्ध रामपणिक्कर ने चौदहवीं शती के उत्तरार्द्ध में अपनी "कण्णश रामायणम्" की रचना की।

रामकाव्य परम्परा में अगला ग्रन्थ तुंचतु रामानुजन् एषुत्तच्छन् कृत "अध्यात्म रामायणम्" है। मलयालम में इस ग्रन्थ का वही स्थान है जोकि हिन्दी में तुलसीदास कृत रामचरितमानस का है।

अध्यात्म रामायणम्

महाकवि तुंचन की अध्यात्म रामायणम् एक स्वतन्त्र रचना नहीं है, वह संस्कृत की अध्यात्म रामायण का छायानुवाद मात्र है। इसका तात्पर्य यह कदापि नहीं है वचन में मौलिकता का अभाव है। उन्होंने अपनी रामायण के लिए कथावस्तु एवं घटनाओं

का ढाँचा संस्कृत ग्रन्थ से ग्रहण कर, उसमें नवीन उद्भावनाओं, कल्पनाओं को प्रश्रय देकर अपनी रामायण लिखी है जिस कारण 'अध्यात्म रामायणम्' एक स्वतन्त्र रचना-सी लगती है। कवि ने केरल की अतिप्रिय किळिप्पाट्टु शैली में यह ग्रन्थ लिखा है अर्थात् भक्त कवि ने उमा-महेश्वर संवाद रूप में प्राप्त रामकथा को शारिका के मुँह से कहलवाया। बालकाण्ड से लेकर इसके छह काण्ड हैं और राम के राज्याभिषेक के साथ इसकी कथा समाप्त होती है। युद्धकाण्ड तक लोक प्रचलित रामकथा को आधार बनाकर भी एषुत्तच्छन् ने अनेक प्रसंगों में अपनी मौलिक कल्पना एवं प्रतिभा का आभास दिया है। उनके राम पूर्ण पुरुषोत्तम, परात्पर ब्रह्म हैं और रामायण का प्रत्येक पात्र उनके विश्वातीत रूप से परिचित है। अपने यज्ञ की सफलता के लिए विश्वामित्र के द्वारा राम की याचना करने पर कुण्ठित दशरथ को वसिष्ठ समझाते हुए कहते हैं कि राम मानव नहीं हैं, वे आत्मा हैं, सदानन्द है और पद्मसम्भव की प्रार्थना स्वीकार करके साक्षात् महाविष्णु ही राक्षस रावण का वध कर सुरों की रक्षा के लिए आपके पुत्र रूप में अवतीर्ण हुए हैं। लक्ष्मण शेषनाग के अवतार हैं और भरत शत्रुघ्न उनके शंख-चक्र है। योगमाया ही मिथिला में अयोनिजा सीता के रूप में प्रकट हुई हैं। स्वयं शिवजी पार्वती को समझाते हैं कि श्रीरामजी परमात्मा, आनन्दमूर्ति प्रकृति के कारणभूत पुरुष हैं। जगत की उत्पत्ति, स्थिति एवं प्रलय के कारणभूत हैं। वे ब्रह्मा, विष्णु एवं महेश्वर स्वरूप हैं। वे अद्वय, अनाद्य, अजन्मा, अव्यय, सच्चिदानन्द हैं। जो उन्हें मानव समझते हैं, वे माया-मोह से ग्रस्त अज्ञानी एवं मूढ़ हैं। सीताजी स्वयं अपने को मूल प्रकृति बताती हैं जो अपने प्रियतम परमात्मा के सान्निध्य मात्र से सृष्टि करती है।" अहल्योद्धार-प्रसंग में अहल्या का शाप तथा राम के द्वारा उसके उद्धार का सविस्तार वर्णन करने के साथ ही कवि ने अहल्या के मुँह से राम का आध्यात्मिक रूप व्यक्त कराया है। इस प्रकार केवट, वाल्मीकि, नारद, भरद्वाज और यहाँ तक कि रावण भी राम के मर्म से परिचित हैं। राम कौसल्याजी को अपने अवतार का उद्देश्य समझाते हुए कहते हैं कि दुर्मन्द रावण का संहार करने के लिए ब्रह्मा तथा शंकर की प्रार्थना के कारण मानववंश में आपकी सन्तान रूप में मैंने जन्म लिया।

तुंचन की रामायण के अनुसार सीता की प्राप्ति के समय ही जनक को नारद ने यह समझाया था कि राम देवताओं के कार्य के लिए पृथ्वी पर अवतार ले चुके हैं और यह सीता साक्षात् योगमाया ही हैं जो मानुष देही बनकर पैदा हुई हैं। इसलिए सीता का विवाह राम के साथ करा देना चाहिए। अत: जनक का कथन है कि उन्होंने सीता के पाणिग्रहण के लिए धनुभंग की अनिवार्य शर्त इसलिए रखी कि वे

जानते थे कि शिवधनुष को राम के सिवा और कोई तोड़ नहीं सकता। यही कारण है कि विवाहोपरान्त जनकजी राम से मुक्ति दिलाने की याचना करते हैं। तुंचन ने सीता-सम विवाह के समय अपनी मंजुल कल्पना-शक्ति का परिचय दिया है, जबकि वे लिखते हैं कि सीताजी ने राम को पहले नेत्रोत्पल-माला पहनायी और बाद में वरमाला अर्पित की।

तुंचन की यह मौलिक कल्पना जहाँ उनकी भावुकता की द्योतक है, वहाँ स्वाभाविक एवं मनोवैज्ञानिक है। इसमें राम के रूप-सौन्दर्य को एक बार हृदयंगम् करने की सीता की व्यग्रता का चित्र सधी-तूलिका से अंकित है। प्रस्तुत ग्रन्थ में यह बताया गया है कि धनुभंग के साथ ही जनक ने दशरथ को विवाह का निमत्रण भेज दिया और उनके सान्निध्य में ही सीता को राम के हाथ में अर्पित किया। बारात के लौटते समय परशुराम आते हैं और परशुराम को देखकर दशरथ उनको साष्टांग प्रणाम करते हैं। तुलसीदास के मानस में अधिकतर वार्तालाप लक्ष्मण और परशुराम में होता है और इस प्रसंग में लक्ष्मण की धृष्टता दिखाई गयी है। किन्तु एषुत्तच्छन् का भक्त कवि राम और लक्ष्मण के प्रति समान अनुरागी है और वह अपने लक्ष्मण को उद्दण्ड नहीं बना सका है। इधर लक्ष्मण को कुछ बोलने का अवसर ही नहीं मिलता। यहाँ सीधे परशुराम राम से कहते हैं कि तुम ने शिव धनुष तोड़ डाला, अब मेरे हाथ का वैष्णव धनुष भी तोड़ो अन्यथा तुम सबको समाप्त कर दूँगा। परशुराम की इस क्रोधपूर्ण उक्ति से पृथ्वी कम्पित हो उठी, सागर उमड़ पड़ा और पहाड़ थर-थर काँपने लगे। समस्त दिशाएँ अन्धकारमय हो गयीं। राम मन्द मुस्कान के साथ कहने लगे कि प्रौढ़ महानुभाव बालकों से ऐसी बातें करें तो उन्हें सहारा कहाँ मिलेगा? आप जरा धनुष दीजिए, सम्भव हो तो भंग करूँगा, अन्यथा क्रुद्ध न होइएगा। हाथ में धनुष उठाते ही राम की दीप्ति चौदहों भुवनों में फैल गयी और धनुष की प्रत्यंचा पर बाण चढ़ाये खड़े राम की परशुराम वन्दना करते हैं कि आप सृष्टि-स्थिति-संहार हेतु भगवान् हैं। फिर अपना पूरा वृत्तान्त सुनाकर अपना तेज राम को अर्पित करते हैं।

अयोध्याकाण्ड का आरम्भ राम के पास नारद के आगमन से होता है। नारद राम को देवताओं की रक्षा की प्रतिज्ञा का स्मरण दिलाते हैं और राम अगले दिन हो बन जाने का वचन देते हैं। इस प्रकार कवि मन्थरा तथा कैकेयी को राम वनगमन के निमित्त-मात्र सिद्ध करता है। राम के राज्याभिषेक की बात सुनकर कौसल्या दुर्गा के पास पहुँचकर पूजा करती हैं तथा कैकेयी के द्वारा अनिष्ठ होते की आशंका भी करती हैं।

केवट के द्वारा राम को नाव पर चढ़ाने में असमंजस का भाव तुलसी ने चित्रित किया है। ऐसा कोई प्रसंग प्रस्तुत ग्रन्थ में नहीं है। इसमें बताया गया है कि गुह राम से भेंट करता है तथा उन्हें अपने यहाँ ठहरने का निमन्त्रण भी देता है, किन्तु वनवास का व्रत लेने के कारण पुन: ग्राम में जाना निषिद्ध है। यह समझकर उसकी प्रार्थना को राम अस्वीकार करते हैं। राम गंगा पार करने के लिए नाव माँगते हैं तो केवट प्रसन्न हो उन्हें नाव पर चढ़ाता है और नदी पार पहुँचा देता है।

शूर्पणखा के कर्ण-नासिका छेदन के प्रसंग में तुंचन की मौलिकता राम के चरित्र को कलंकित होने से बचा देती है। वाल्मीकि, अध्यात्म रामायणकार सभी ने राम पर यह कलंक आरोपित किया है। तुलसीदास जी ने राम के चरित्र को कलंकित करने से बचाने का व्यामोह तो अवश्य दिखाया, फिर भी वे इस कार्य में पूर्णता सफल नहीं हो सके क्योंकि वहाँ उसके कर्ण-नासिका छेदन की राम लक्ष्मण को संकेत से अनुमति देते हैं। लुंचन के राम आदर्श भगवान् हैं, वे जानते हैं कि अनियन्त्रित काम अपराध अवश्य है, किन्तु कामार्ता नारी को दण्डित करना भी उचित नहीं है। इसलिए तंचन के राम उसके प्रति उदार हैं, किन्तु सीता की ओर लपकती शूर्पणखा को रोककर तथा उसका अंग छेदन करके लक्ष्मण सीताजी की रक्षा करते जो वास्तव में लक्ष्मण का कर्तव्य है। इस प्रकार लक्ष्मण को कर्तव्य निभाने के लिए उसे दण्डित करते दिखाकर उनके चरित्र की भी रक्षा करता है। वास्तव में बालवध राम के ईश्वरत्व के लिए कलंक है। ईश्वर समदर्शी है, उसमें वालि या सुग्रीव में दृष्टि नहीं होनी चाहिए। इस बात से अवगत तुंचन वेदादर्श को प्रस्तुत कर वालि को जघन्य पापी सिद्ध करते हैं और ऐसे जघन्य अपराधी को दण्डित मारना धर्मधुरीण राम का धर्म है। इसलिए राम कहते है कि पुत्री, भगिनी, सहोदर-मार्या, पुत्रवधू, माता इनमें कोई अन्तर नहीं है, यही वेदों की उक्ति है। वेद-विरोधी आचरण करने वाले की हत्या करके धर्म की प्रतिष्ठा करना मेरा कर्तव्य है।

राम से शत्रुता मोल लेने के लिए रावण इसलिए तैयार होता है कि वह जानता है कि भक्तवत्सल भगवान् उसे मारने के लिए भूतल में अवतीर्ण हुए हैं और उनके हाथों मरने से वैकुण्ठ की प्राप्ति होती है। अगर राम से युद्ध करते हुए विजय पा सके तो सदा राक्षस राजा का पद प्राप्त होता रहेगा। अत: दोनों ओर से लाभ है। दूसरे अखिलेश रामभक्ति के कारण उस पर प्रसन्न नहीं होंगे, इसलिए विद्वेष-बुद्धि से उन्हें प्राप्त किया जा सकता है। अत: रावण मन ही मन प्रसन्न होता है। तुंचन का रावण वाल्मीकि के रावण के समान आत्मप्रशंसा में व्यर्थ समय नहीं गँवाता, वह एक सच्चे अनुरागी के समान अपने तथा राम के अन्तर को समझाकर सीता का हृदय परिवर्तन

करना चाहता है। उसका कथन है कि तुम्हारे पति दशरथ सुत को बहुत ढूँढ़ने पर कोई कहीं देख पाता है और कभी-कभी वह भी सम्भव नहीं है। जिसके दर्शन मात्र की भी सम्भावना कम है, उसके पत्नीत्व में क्या आनन्द रखा है। इसके बदले रावण अपना परिचय देता हुआ प्रार्थना करता है कि हे सुमुखि, सुनी, सारे संसार का नाथ असुरेश तुम्हारे चरण सरोजों का दास है। है शोभन-शील, तुम मुझ पर दया करो।

एषुत्तच्छन् ने मुक्ति के सम्बन्ध में भी विचार किया है। अपने कार्य कारण सम्बन्धों के साथ जीव का आत्मा में विलयन ही मुक्ति है। इस लय से पृथक् आत्मा की स्थिति है। यह आत्मा स्वयं ब्रह्म है। ज्ञान विज्ञान वैराग्य सहित आनन्दमय कैवल्य स्वरूप को पहचानने वाला जगत में कोई नहीं है। भक्ति से ही यह कैवल्य दशा प्राप्त हो सकती है। भक्तों के सामने यह आत्मा खूब प्रकाशित होती है।

एषुत्तच्छन् ज्ञानी एवं भक्त कवि थे। कुछ विद्वानों का मत है कि उन्होंने कैवल्यावस्था की प्राप्ति के लिए भक्ति को साधन माना है। बात तो ठीक ही है। क्योंकि उन्होंने अपनी रामायण में स्थान-स्थान पर भक्ति की महत्ता का प्रतिपादन किया है और यह बताया है कि भक्ति से जगन्मुक्ति प्राप्त होती है। किन्तु गहराई से अवलोकन करने पर स्पष्ट विदित होगा कि एषुत्तच्छन् शंकर-परम्परा के कवि थे। शंकराचार्य ने मुक्ति के लिए ज्ञान की आवश्यकता मानी थी। एषुत्तच्छन् ने कई स्थलों पर यह स्पष्ट बताया है कि मोक्ष ज्ञानाश्रित है। सच्चे गुरु के प्रसाद से अज्ञान दूर होता है और भगवत् ज्ञान की प्राप्ति होती है। तब भगवत् कृपा से कर्मबन्धन से मुक्ति और चिन्मय चरणों में लयता सम्भव होती है। आगे वे बताते हैं कि भगवद्कथा तथा नाम-श्रवण से धीरे-धीरे भक्ति मन में उत्पन्न होती है, इस भक्ति के बढ़ने से भगवत् बोध मन में बढ़ता है। भक्ति के बढ़ने से तत्त्वज्ञान का उदय और उससे मुक्ति प्राप्त होती है। पंचवटी में रहते हुए एक बार लक्ष्मण भगवान् से मुक्तिसम्बन्ध में जिज्ञासा प्रकट करते हैं तो भगवान् श्रीराम उनको समझाते हैं कि भक्ति के निम्नलिखित साधन हैं—

1. मान, अहंकार, काम, क्रोध सब को मन से त्यागना तथा परनिन्दा को समबुद्धि से सुनना।
2. चित्त-शुद्धि तथा देह-शुद्धि के साथ भक्ति भाव से गुरु सेवा करना।
3. नित्य सत्कर्मों में निरत हो सत्य का आश्रय लेकर आनन्द का अनुभव करना।
4. मन, वचन, कर्म पर नियन्त्रण करना तथा मन से इन्द्रियासक्ति को छोड़ देना।

5. सर्वात्मभाव से मन को ईश्वर पर अर्पित करना।
6. पुत्र कलत्रादि के प्रति अनासक्ति।
7. इष्टानिष्ट को समबुद्धि से देखना और स्वच्छ स्थान पर विरक्त भाव से रहना।
8. प्राकृत जनों का सहवास छोड़कर एकान्त में परमात्म-ज्ञान में तन्मय रहना।
9. वेदान्त वाक्यार्थों का अवलोकन करना और वैदिक कर्मों को आत्मा में समर्पित करना।

उपर्युक्त बातों का निष्ठापूर्वक अनुसरण करने पर मन में ज्ञान उत्पन्न होता है, जिससे मन विकल्परहित होता है। भगवत् भक्तों की सम्पत्ति एवं उनकी सेवा, व्रतानुष्ठान, पूजा, वन्दना, दास्य, श्रवण, कीर्तन आदि भी भगवत् भक्ति के साधन है। यह भक्ति पाने पर संसार में कुछ और पाने की अभिलाषा नहीं रहती क्योंकि भक्त ज्ञान-वैराग्य स्थिति को पाकर मुक्ति पाता है। तात्पर्य यह कि एषुत्तच्छन् भक्ति को ज्ञानप्रद तथा ज्ञान को मोक्षप्रद मानते हैं। यही नहीं, भगवान् राम शबरी को उपदेश देते हैं कि तीर्थ-स्नान, तप, वेदाध्ययन, याज्ञादि कर्मों से भगवन् प्राप्ति नहीं होती। केवल भक्ति ही ईश्वर प्राप्ति का सहायक है। वे स्पष्ट करते हैं कि प्रेम लक्षणा भक्ति मुक्तिसाधन है क्यों कि इससे तत्त्व ज्ञानानुभूति होती है। इससे स्पष्ट है कि एषुत्तच्छन् की भक्ति भी ज्ञानमय है और ज्ञान से वे मुक्ति की सिद्धि स्वीकार करते हैं।

एषुत्तच्छन् की रामायण व्यक्तिगत साधना के साथ लोकधर्म का उज्ज्वल आदर्श प्रस्तुत करती है। दोनों का समन्वय इस कृति की श्रेष्ठता का कारण है। एतच्छन् जनवादी कवि हैं और उनका दृष्टिकोण लोकधर्म पर केन्द्रित है। उनकी समन्वय भावना कर्म, ज्ञान तथा उपासना, व्यक्ति धर्म तथा लोकधर्म, जप तप ध्यान सब में झलकती है। उनके राम लोकसंग्रह की भावना से भूमि पर अवतार लेते और दुष्टों का संहार करके शिष्ट जनों का उद्धार करते हैं।

एषुत्तच्छन् की रामायण का कलापक्ष भी सशक्त है। परम्परा से चली आती तमिल मिश्रित मलयालम के स्थान पर मलयालम तथा संस्कृत मिश्रित मणिप्रवाल शैली का बीजारोपण एषुत्तच्छन् की इस कृति में हुआ था। इस प्रकार एक नवीन शैली के जन्मदाता होने का गौरव उन्हें प्राप्त है। 'समस्त कर्मार्पणं भवति करोमि समस्तपराधं क्षम स्वजगत्पते', 'उत्तिष्ठोत्तिष्ठ ब्रह्मन् तुष्टोहं तवत्ताले सिद्धिच्च सेवाफल' आदि इसी नवीन शैली के सुन्दर उदाहरण हैं। साथ ही प्राचीन मलयालम रूप में देखा जा सकता है। विशेष कर क्रिया रूपों में प्राचीनता वर्तमान है।

एषुत्तच्छन् की सर्वतोमुखी प्रतिभा ने मलयालम में प्रचलित काव्य-पद्धतियों को नवीनता के साँप में ढाल दिया। अध्यात्म-रामायण की शैली नया चमत्कार लेकर आती है। परम्परागत शैली को छोड़कर 'किळिप्पाट्टु' शैली का प्रादुर्भाव मलयालम में एषुत्तच्छन् नवीन देन है। यह बड़ा साहसिक कार्य था, जो केवल भावुत कवि एषुत्तच्छन् ही कर सकते थे। एषुत्तच्छन् का शब्दानुप्रास एवं यमक अलंकार के प्रति विशेष लगाव लक्षित होता है। वैसे ही उपमा की सृष्टि में वे सिद्ध कलाकार हैं। केवल एक उदाहरण द्रष्टव्य है। राम ने शिवधनुष का भंजन किया। मेघगर्जन के समान धनुष का रव सुनकर राजा उरगों जैसे चौंक उठते तथा मैथिली को मयूरनी के समान मन ही मन नाचते बताकर कवि ने सुन्दर उपमा की योजना की है। धनुष के टूटने के रव को मेघ गर्जन, राजाओं को उरग तथा मैथिली को मयूरनी के रूप में कल्पित करना एषुत्तच्छन् के कल्पना-चातुर्य का द्योतक है। उपमात्रिन दार्शनिक उद्‌भावना भी कम महत्त्वपूर्ण नहीं है। दक्षिण की ओर विपिन में प्रवेश करते हुए राम लक्ष्मण को समझाते हैं कि आगे-आगे लक्ष्मण, उनके पीछे सीता और फिर राम प्रस्थान करें। इस प्रकार लक्ष्मण तथा राम के मध्य सीता को जीवात्मा तथा परमात्मा के मध्यस्थित महामाया का उपमान जहाँ काव्यात्मक अभिव्यंजना में चारुत लाता है, वहाँ दार्शनिक तत्त्व को सहज संवेद्य भी बनाता है।

भक्तोत्तम महाकवि एषुत्तच्छन् ने ही मलयालम भाषा रामभक्ति की पीयूष धारा बहायी। उनकी कृति अध्यात्म रामायण भावपक्ष एक शिल्पपक्ष दोनों दृष्टियों से मलयालम राम-काव्य परम्परा में अपना विशिष्ट स्थान रखती है। उन्होंने संस्कृत ग्रन्थों में प्राप्त रामकथा का आश्रय लेकर उसमें साकार भक्ति एवं ज्ञान-वैराग्य को मिलाकर अध्यात्म रामायण का प्रासाद खड़ा कर दिया है। कथावस्तु के ढांचे में तथा दार्शनिक चिन्तन में एषुत्तच्छन् की मौलिकता का जावा मिले ही न सकें, किन्तु परम्पराश्रित रामकथा को ज्ञान भक्ति के गंगा-यमुना गमतीर्थ के रूप में जन-मानस में अंकित कर उसे राममय बनाने में उनका योगदान असंदिग्ध है। यही एषुत्तच्छन् का महत्त्व है और यही कैरली को उनकी अनुपम देन है।

हिन्दी रामकाव्य और तुलसी

सगुन भक्ति धारा के दो भाग माने गये हैं–रामोपासक और कृष्णोपासक भक्ति-धारा। गोस्वामी तुलसीदास हिन्दी के सर्वश्रेष्ठ रामभक्त कवि हैं तथा 'रामचरितमानस' उनकी अक्षय कीर्ति का आधार स्तम्भ है। परम्परा से प्रचलित रामकथा के आधार पर महात्मा तुलसीदास ने प्रस्तुत काव्य का प्रपयन किया था। अपनी नवनवोन्मेषशालिनी प्रतिभा तथा अपूर्व समन्वयकारी चेतना के बल पर तुलसी ने अपने काव्य को ऐसा

रूप-रंग प्रदान किया है कि 'मानस' भारतीय अस्मिता का उद्घोषण करने वाला अनूठा काव्यग्रन्थ बन गया है। इस अनोखी काव्यकृति में भारतीय सभ्यता, संस्कृति तथा ज्ञान का निचोड़ समा गया है। इस काव्य में समस्त भारतीय उच्चादर्शों की प्रतिष्ठापना हुई है कि महाप्राण निराला ने इस काव्य को 'भारतीय जनता का वेद' कहा है। भारतीय सांस्कृतिक चेतना के प्रतिनिधित्व करने वाले इस कवि ने अपने 'मानस' में जनता के मानस को ही उतार कर रख दिया है। 'रामचरितमानस' के आधार स्वयं तुलसीदास ने अपने 'मानस' के प्रारम्भ में स्पष्ट कह दिया है कि—

'नानापुराण निगमागम सम्मतं यद् रामायणे
निगदितं क्वचिदन्यतोऽपि।
स्वान्तः सुखाय तुलसी रघुनाथगाथा
भाषानिबन्धमतिमंजुलमातनोति।'

अर्थात् नानापुराणों, वेदों तथा शास्त्रों के अनुकूल जो वाल्मीकीय रामायण तथा अन्यान्य ग्रन्थों में लिखा है, उसी का आधार लेकर में तुलसीदास अपने अन्तःकरण के सुख के लिए रामचन्द्र की कथा का गायन बोलचाल की भाषा में करते हैं। तुलसीदास ने जो कुछ 'रामचरितमानस' में लिखा है वह वेदों व शास्त्रों के अनुकूल है तथा उसके आधार वाल्मीकीय रामायण तथा अन्यान्य ग्रन्थ हैं जिनमें रामकथा वर्णित है। अन्यान्य ग्रन्थों के अन्तर्गत अध्यात्म रामायण, महारामायण, हनुमन्नाटक, प्रसन्नराघव, उत्तररामचरित आदि आ जाते हैं। तुलसीदास ने अपनी निजी उद्भावनाओं, सूझ-बूझ व प्रतिभा के बल पर अपने काव्य को नितान्त मौलिक रूप दे दिया है।

रामचरितमानस सर्गबद्ध काव्य है। किन्तु इसमें केवल सात सर्ग या काण्ड ही है। महाकाव्य के अन्य समस्त लक्षणों से अभिमण्डित प्रस्तुत काव्य में सर्गों की कमी कदापि प्रतीत नहीं होती। यही नहीं इन सात सर्गों में ही कवि ने रामकथा का ऐसा आख्यान प्रस्तुत किया है कि वह विराट एवं सर्वांगपूर्ण काव्य ही निकल आया है। रामचरितमानस के कथा प्रबन्ध की संयोजना तुलसीदास ने सुगठित सप्त सोपानों में की है। वे सात सोपान है—बालकाण्ड, अयोध्याकाण्ड, अरण्यकाण्ड, किष्किन्धाकाण्ड, सुन्दरकाण्ड, लंकाकाण्ड तथा उत्तरकाण्ड। स्वयं तुलसी के शब्दों में—

'सप्त प्रबन्ध सुभग सोपना।
ग्यान नयन निरखत मन माना'।

कवि की प्रखर प्रतिभा तथा अपार दीर्घदर्शिता का ही यह स्पष्ट प्रमाण है। मानस का श्रीगणेश होता है बालकाण्ड से। इसी काण्ड में मंगलाचरण वस्तुनिर्देश आदि के

साथ-साथ कथावस्तु का भी शुभारम्भ हुआ है। अपने समस्त पाठकों को राम की ओर उन्मुख करने का प्रयास भी इस काण्ड के प्रारम्भ में ही हुआ है। अपने आराध्य रामचन्द्रजी के शैशव की मधुर झाँकी यह काण्ड प्रस्तुत करता है।

'अयोध्याकाण्ड' में राम वैवाहिक जीवन वरण कर अपनी जन्मभूमि अयोध्या में प्रवेश करते हैं। रामराज्याभिषेक की तैयारी रंग में भंग, राम, सीता, लक्ष्मण-वनुगमन, केवट प्रसंग, चित्रकूट में दिये प्रसंगों से अयोध्याकाण्ड राम-भरत मिलन, रामपादुका लेकर भरत का अयोध्या लौट जाना आदि प्रसंग से अयोध्याकाण्ड निर्मित हुआ है। मानस के तीसरे काण्ड-अरण्यकाण्ड में राम सीता लक्ष्मण के वनवास एवं सीताहरण के प्रसंग आते हैं। किष्किन्धा स्थान विशेष के आधार पर कवि ने चतुर्थ सोपान का नामकरण किया है। पंचमसोपान जो सुन्दरकाण्ड नाम से अभिहित है, उसमें साधक की सफलता, क्रियाशीलता एवं तेजस्विता का एकमात्र निरूपण किया गया है। घुष्ट सोपान लंकाकाण्ड में लंका में घटित घटनाओं का वर्णन हुआ है। विषय एवं युद्ध सम्बन्धी घटनाओं की दृष्टि से यह नाम सर्वथा सार्थक निकला है। सप्तम सोपान का समापन काण्ड है जिसे कवि ने 'उत्तरकाण्ड' की संज्ञा दी है। इस काण्ड में कवि ने समस्त पूर्वकाण्डों की विविध समस्याओं एवं शंकाओं का समाधान प्रस्तुत करने का प्रयास किया है। इस दृष्टि से वह मानस का निष्कर्ष काण्ड बन गया है। विजयश्रीलालित काव्यनायक राम के अयोध्या में प्रत्यागमन तथा काव्य की इतिश्री होती है।

अपने काव्य विषय को सात सुसंगठित सोपानों में प्रस्तुत करने में वस्तुतः तुलसीदास सफल निकले हैं। विषय प्रस्तुतीकरण तथा भक्तिनिरूपण की दृष्टि से मानस का काण्ड विभाजन सर्वथामौलिक, वैज्ञानिक एवं सैद्धान्तिक है।

केवट प्रसंग चित्रकूट-प्रसंग आदि मार्मिक प्रसंगों के चयन एवं चित्रण में तुलसी को बड़ी सफलता मिली है। रामराज्याभिषेक की तैयारी के साथ शुरू होने वाले इस काण्ड की समाप्ति भी बहुत उपयुक्त स्थल पर की गयी है। एक ओर बड़ा भाई वन में तपस्यालीन है तो दूसरी ओर छोटा भाई नगर में। अपने पात्रों के चरित्रांकन में तुलसीदास अतीव सफल निकले हैं। कुछ ही शब्दों में अपने पात्र के चरित्र की रूपरेखा उभार देने में आपने विशेष वैदग्ध्य दिखाया है। शील शक्ति और सौन्दर्य से समन्वित अपने काव्यनायक राम का अवतरण ही मानस का मुख्य आकर्षण रहा है। उनकी मातृभक्ति, पितृभक्ति तथा गुरुभक्ति अनुकरणीय व्यवहार भी आदर्श साइयों के प्रति उनका प्रेम, सेवकों, परिजनों व पुरजनों के प्रति उनका व्यवहार भी आदर्श हैं। काव्यात्मा रस की सृष्टि अभिव्यक्ति अयोध्याकाण्ड में हुई है।

तुलसी की भाषागत विशेषताओं को रेखांकित करते हुए डॉ. रामचन्द्र तिवारी ने लिखा है—तुलसी का भाषा पर अपार अधिकार है। मध्ययुग का अन्य कोई कवि भाषा की इतनी शक्ति लेकर काव्यक्षेत्र में अवतीर्ण नहीं हुआ। शब्द भण्डार की विशेषता के साथ ही काव्य के अनुकूल ही वाक्य-विन्यास, शब्द चयन, लोकोक्तियों एवं मुहावरों का उचित प्रयोग, नाद-सौन्दर्य ए चित्रमयता तुलसी के भाषा-साहित्य की प्रमुख विशेषताएँ हैं।

तुलसीदास अव्वल दर्जे के भक्त कवि थे। अपने युग को ही रामभक्ति की अज्रस्त्र धारा में डुबोने का कार्य उन्होंने किया है। उनके द्वारा प्रसारित रामभक्ति की लहरें आज भी उत्तर भारत में व्याप्त हैं। तुलसी युगद्रष्टा थे। उन्होंने व्यक्ति कल्याण के साथ लोककल्याण करने वाले भक्ति-मार्ग का उपस्थापन किया। उन्होंने लोकधर्म विरोधी भक्ति पद्धतियों का विरोध किया। विनयपत्रिका, रामचरितमानस जैसे ग्रन्थ के रूप में उन्होंने भक्तिरस के साहित्य का सृजन किया जिसने देश और काल की सीमाओं को लाँघकर जन-मानस को राममय बना दिया।

तुलसी की भक्ति व्यक्ति और समाज दोनों का कल्याण करने वाली है। यह एक राजमार्ग है जिस पर अग्रसर होने पर सब को सफलता प्राप्त हो जाती है। भक्ति के पाँच भेदों (शान्त, सख्य, दास, वात्सल्य तथा माधुर्य) में तुलसीदास ने दास्यभक्ति को ही सर्वोत्कृष्ट माना है। दास्यभक्ति इसीलिए सर्वोत्तम है कि इसके अन्तर्गत पूर्ण आत्मसमर्पण अनन्यता, अनवरत लगन के भाव समाविष्ट है।

शबरी को उपदेश देते समय राम ने भक्ति के विभिन्न प्रकारों का उल्लेख करते हुए सत्संग, कथा में रति, मानरहित गुरुभक्ति, कीर्तन, जप, सन्तवृत्ति, अनन्यवृत्ति, भगवदालब आदि नवधा भक्ति की चर्चा की है। यह नवधा भक्ति 'अध्यात्म रामायण' के आधार पर वर्णित है। भगवत पुराण में 'श्रवण, कीर्तन, स्मरण, पादसेवन, अर्चन, वन्दन, दास्यी सख्य और आत्मनिवेदन को नवधा भक्ति के रूप में स्वीकार किया गया है। तुलसी ने भगवत पुराण तथा अध्यात्म रामायण की नवधा भक्ति को हो अपनी भक्तिपद्धति का साधन माना है। इनके अतिरिक्त अन्य देवी-देवताओं की भक्ति को भी वे राम भक्ति की भूमिका ही मानते हैं।

भक्ति के क्षेत्र में भी तुलसी की समन्वयकारी चेतना स्पष्ट परिलक्षित होती है। भक्ति के क्षेत्र में आपने निर्गुण और सगुण भक्ति का समन्वय तथा ज्ञान और भक्ति का समन्वय किया था। 'मानस' में, भक्ति का समवाय रूप प्रकट है। राम के व्यक्तित्व में भक्ति, ज्ञान और कर्म तीनों का समन्वित उत्कर्ष हुआ है। वे शिव के भक्त हैं। लंका में प्रवेश करने के पूर्व वे श्रद्धापूर्वक शिवलिंग की स्थापना करते हैं।

वे तत्त्वज्ञानी हैं। लक्ष्मण के प्रश्न करने पर वे उन्हें तत्त्वज्ञान का बोध कराते हैं। वे अनासक्त हैं, इसीलिए अयोध्या का राज्य सहज भाव से त्याग देते हैं, इसी जीवन-दृष्टि के बल पर रावण का संहार करते हैं तथा अन्ततः विषमताहीन रामराज्य की प्रतिष्ठापना करते हैं। ऐसे उदात्त चरित्र वाले राम के प्रति अयोध्यावासियों का प्रेम और भक्ति है। तुलसी भी उनके परमभक्त हैं।

राम पर तुलसी की अटल निष्ठा है। रामभक्ति ही उनके जीवन का सबल है। तुलसी के लिए रामभक्ति पूरा जीवन दर्शन है। डॉ. भगीरथ मिश्र ने स्पष्ट कहा है कि 'भक्ति गोस्वामी जी के लिए जीवन दर्शन या 'फिलॉसफी ऑफ लाइफ' है। 'यही कारण है कि तुलसी ने जीवों से कहा—

'राम कहत चलु, राम कहत चलु,
राम कहत चलु भाई रे।'

तुलसी अपने युग के सर्वश्रेष्ठ भक्त कवि थे। रामभक्ति की चमत्कार-शक्ति से वे पूर्णतया से अवगत थे। भली-भाँति उन्हें ज्ञात था कि राममन्त्र ही वह महामन्त्र है जिसमें अपने युग की पीड़ित जनता को पीड़ा विमुक्त करने की अपूर्व क्षमता है तथा रामभक्ति ही वह संजीवनी बूटी है, जिसमें मृतप्राय भारतीय समाज को पुनरुज्जीवित करने की अपार शक्ति निहित है।

मलयालम में कृष्णकाव्य-परम्परा

भारतीय संस्कृति अध्यात्मवादी है और इसमें ईश्वर साक्षात्कार को जीव एकमात्र लक्ष्य बताया गया है। गीता में कहा गया है कि जो जिस रूप में भगवा की उपासना करता है, उसे भगवान् उसी रूप में प्राप्त होता है। इसी का परिणाम है कि भारत में सगुण और निर्गुण भक्ति का प्रचार हुआ। सगुण भक्ति के भी रूप हुए—रामभक्ति एवं कृष्णभक्ति। यह सत्य है कि जितना प्रचार कृष्णभक्ति का हुआ उतना रामभक्ति का नहीं। बात यह है कि श्रीकृष्ण की मनोमुग्धकारक लीलाएँ जन-मानस को जिस मात्रा में आकृष्ट कर सकीं, उस मात्रा में राम लोकोपकारक, लोकोद्धारक एवं धर्मसंस्थापक स्वरूप आकर्षक नहीं हो सका। इसलिए समस्त भारतीय साहित्य में कृष्ण काव्यों की अधिकता है। मलयालम साहित्य इसका अपवाद नहीं रहा।

मलयालम में कृष्ण सम्बन्धी साहित्य विभिन्न रूपों, शैलियों में प्राप्त होता है। कृष्ण कथा सम्बन्धी लोक-साहित्य ने यहाँ प्रचुरता प्राप्त की है। केवल मलयालम ही नहीं, प्रत्येक भाषा में लोक-साहित्य का अपना विशिष्ट स्थान है। इनमें अधिकांश लोक-साहित्य अवतारों या महान् व्यक्तियों पर आधारित है। कृष्ण सम्बन्धी लोक

साहित्य संस्कृत में प्रचुर मात्रा में मिलता है। श्रीमद्भागवत तथा श्रीकृष्ण कर्णामृत जैसे संस्कृत ग्रन्थों में उपलब्ध कथा रूप इन लोककथाओं का विकसित एवं परिमार्जित रूप ही है। मलयालम में लोक साहित्य अधिकतर वीरगीतों के रूप में प्राप्त होता है; कृष्ण सम्बन्धी लोकसाहित्य अपेक्षाकृत कम है और जो भक्ति कथाएँ प्राप्त हैं वे भी सीधे संस्कृत से गृहीत हैं। मलयालम लोककथाओं का विकसित रूप एषुत्तच्छन् के भागवतम् तथा चेरुश्शेरी की कृष्ण गाथा आदि में प्रबंधात्मक रूप में संगृहीत है।

चेरुश्शेरी और कृष्ण साहित्य

जैसे महाकवि सूर के जीवन चरित को लेकर विद्वानों में मतभेद रहे हैं, वैसे ही मलयालम के महान कृष्णभक्त कवि चेरुश्शेरी की जीवनी और व्यक्तित्व को भी लेकर भिन्न-भिन्न मत प्रचलित हैं। उनकी रचनाओं से इस सम्बन्धी पर्याप्त सूचना नहीं मिलती, अन्त:साक्ष्य का कोई सशक्त आधार नहीं मिलता, इसके लिए हमें मुख्य रूप से जनश्रुतियों का ही आश्रय लेना पड़ता है। मलयालम के साहित्येतिहासकारों ने इधर-उधर प्रति ऐसी किंवदन्तियों का विश्लेषण करके ऐसे कई तथ्य निकाले हैं, जिनसे चेरुश्शेरी के जीवन-वृत्त पर पर्याप्त प्रकाश पड़ता है। ऐसे विद्वानों में महाकवि उल्लूर एस. परमेश्वरय्यर, साहित्य-पंचानन पी. के. नारायण आदि गणनीय हैं।

महाकवि उल्लूर परमेश्वरय्यर ने चेरुश्शेरी का समय सन् 1446 से 1476 के बीच माना है। डॉ. चेल्लनाट्टु अच्युतमेनोन, श्री पी. गोविन्द पिल्ले जैसे समीक्षक प्रवर इस महान कवि का समय 1475 और 1575 के बीच मानते हैं। वटक्कुंकूर के मत में इस कवि का समय 1425 और 1525 के बीच है। इसमें मतभेद नहीं कि चेरुश्शेरी उत्तर केरल के कोलत्तुनाट के राजा उदय वर्मा के दरबारी कवि थे। इतिहासकारों के अनुसार उदय वर्मा का समय सन् 1466 से सन् 1475 तक रहा है, अत: चेरुश्शेरी का जन्मकाल थी यही माना जा सकता है।

काव्य के प्रारम्भ में कवि व्यक्त करते हैं–

ऐश्वर्य की अधिष्ठात्री लक्ष्मी देवी द्वारा पालित कोलाधिनाथ उदय वर्मा ने आज्ञा दी है, अत: इस अल्पज्ञ ने अपनी प्राज्ञता का झूठा गर्व करके इस काव्य की रचना की है।

चेरुश्शेरी असाधारण प्रतिभाशाली भक्त कवि और विभिन्न विषयों के मूर्धन्य विद्वान थे। काव्य हेतु के रूप में प्रख्यात शक्ति, लोक-काव्य-शास्त्राद्यवेक्षण रूप

निपुणता, काव्यमर्मज्ञों के शिक्षण द्वारा अभ्यास इत्यादि से चेरुश्शेरी पर्याप्त अनुगृहीत थे। संस्कृत भाषा और साहित्य के बड़े मर्मज्ञ थे, फिर भी मातृभाषा मलयालम के प्रति उनके हृदय में विशेष ममता थी, अतः उसे अपनी रचना का माध्यम बनाया। उनके व्यक्तित्व की महत्ता एवं उनकी अप्रतिम कवित्व-शक्ति कृष्ण-भक्ति की नीव पर प्रतिष्ठित है। सभी विद्वानों ने स्वीकार किया है कि कृष्णगाथा उनकी मौलिक प्रतिभा की अनुपम देन है। उनकी सबसे बड़ी विशेषता उनकी नव-नवोन्मेष शालिनी प्रज्ञा है जिसके कारण वे पौराणिक सांस्कृतिक परम्पराओं को नींव पर खड़े होकर नव-नव कल्पनाएँ करके काव्य-साहित्य में युगान्तर उपस्थित कर सके।

प्रतिभा सम्पन्न चेरुश्शेरी की सफलता इसी में थी कि उन्होंने असाधारण कार्य को सम्भव करके दिखाया। ठेठ मलयालम में एक महाकाव्य रचा जिसे मलयालम का प्रथम महाकाव्य बनने का सौभाग्य प्राप्त हुआ। वस्तुतः यहाँ कहा जा सकता है कि वाणी देवी स्वयं उनकी जिह्वा पर नाचती रहती थी।

बहाव की विपरीत दिशा में तैरकर पार पाने का अथक परिश्रम चेरुश्शेरी के व्यक्तित्व की एक अद्‌भुत विशेषता है। यद्धयापी वे समाज के वारेन्य वर्ग थे। फिर भी तत्कालीन संस्कृत परम्परा बद्ध मणिप्रवाल काव्य शैली से अपने को उन्होंने अलग रखा, इतना ही नहीं तमिल परम्परा के नियमों और उपनियमों से युक्त काव्यशैली को भी उन्होंने आखें मूँदकर नहीं अपनाया।

वेदान्त और भारतीय काव्य-सिद्धान्त दोनों की सम्पूर्ण और गहरी जानकारी उनको थी, लेकिन उनको सहृदयता इसी में दिखाई देती है कि अपनी रचना को उन्होंने दार्शनिक तत्त्वों को शुष्कता से बचाये रखा और अपनी रचना की पंक्ति पंक्ति में साधारण सरसता भी भर दी, हालाँकि भक्तों को सांसारिकता से मुक्त करके उनको भय का मार्ग दिखाने और अज्ञानियों को ज्ञान प्रदान करने के लिए ही उन्होंने कृष्णगाथा की रचना की। उनको इस बात का पूर्ण विश्वास था कि उनकी यह रचना प्रीतिकारी परिवर्तन उपस्थित करेगी।

चेरुश्शेरी ईश्वर पर अटल विश्वास रखते थे, जिसकी गूँज उनको काव्य-पतियों में सुनाई देती है। श्रीमद्‌भागवत् के दशम स्कन्ध की कथा को कृष्ण कथा को, काव्य-वस्तु चुनना स्वयं इसका प्रमाण है। प्रसंग के अनुसार नरत्व और नारायणत्व दोनों व्यक्तित्वों को वे कृष्ण पर प्रतिष्ठित करते हैं। शायद परवती महाकवि एषुत्तच्छन ने भी राम के चित्रण में ऐसा करने की प्रेरणा चेरुश्शेरी से पायी हो।

अपनी प्रतिभा पर चेरुश्शेरी को इतना अटल विश्वास था कि उन्होंने घोषित किया कि मैंने इस गाथा द्वारा अपवित्रों को पवित्र किया है। अतः मुझे निश्चय ही

स्वर्ग और वैकुण्ठ की प्राप्ति होगी, ईश्वर की पाद सेवा करते रहने का सुदुर्लभ महाभाग्य भी मिलेगा। कवि ने यह भी घोषित किया कि समारणीय गुरुजन इस काव्य की निन्दा करें तो स्पष्ट है कि यह काव्य निन्दनीय है पर दुर्जन इस काव्य को निन्दा करें तो मेरी क्या हानि होगी? डॉ. प्रबोध चन्द्रन के शब्दों में इस दृढ़ घोषणा से कवि ने अपनी कृति के फाल पर एक अपूर्व सुन्दर तिलक लगा दिया है। इस दृढ़ता का मूल उनकी निस्संग प्रकृति है। चुटकुले छोड़ने की उनको तलस्पर्शी चारुता की नींव भी यही है, जीवन के माधुर्य-पूर्ण, सरस मृदुल सन्दर्भों को कल्पना की रंगीनियों में मकर व्याजल करने की कला में चेरुश्शेरी बेजोड़ है। आधुनिक मलयालम कवियों पर भी इस कवि का गहरा प्रभाव द्रष्टव्य है। चेरुश्शेरी बहुश्रुत थे। उनका काव्य इसका महत्त्वपूर्ण प्रमाण है। विभित्र कलाओं के साथ-ही-साथ संगीत और ज्योतिष में भी उनकी प्रतिभा निखरकर किरणों बिखर रही थी। इस प्रकार मलयालम की गीत परम्परा के अग्रणी के रूप में वे प्रतिष्ठित हुए।

कृष्ण गाथा की विषय-वस्तु कृष्ण के जन्म से स्वर्गारोहण तक की कथा है। श्रीमद्भागवत के दशम स्कन्ध को पूर्णत: और एकादश स्कन्ध को अंशत: उपजीव्य बनाकर इस काव्य की रचना हुई है। इनके अतिरिक्त महाभारत के मौसलम्, महाप्रास्थानिकम् और स्वर्गारोहण शीर्षकों को आधार रूप में स्वीकार किया है।

यद्यपि कवि श्रीमद्भागवत को केवल वस्तुक्रम बनाये रखने में सीमित रहा है। उसका अनुवाद या अनुकरण नहीं है। प्रत्युत नवीन उद्भावनाओं से मण्डित आदि मध्यान्त सुगठित एक मौलिक काव्य है।

चेरुरशेरी बड़े कृष्ण भक्त कवि कृष्ण हो उनके लिए सब कुछ थे। इथे झार को उन्होंने कृष्णालीला के रूप में ही देखा। अत: कृष्णलीला वर्णन के उपयुक्त आधार के रूप में ही श्रीमद्भागवत को उन्होंने चुना। अन्यथा सारा काव्य कवि को प्रतिभा, भावना, कल्पना और सूझबूझ की घोषणा है। फिर भी यह उल्लेखनीय है कि कवि ने श्रीमद्भागवत् की कतिपय पंक्तियों को अनुवाद के रूप में भी स्वीकार किया है, किन्तु कवि ने अपनी प्रतिभा की चमक से अधिक चमत्कृत कर दिया है। डॉ. के. एम. जॉर्ज के शब्दों में, "वास्तव में कवि ने अपनी कल्पना का सफलतापूर्वक प्रयोग किया है और कई अंशों को तो उसने मूल की अपेक्षा अधिक जीवन्त बना दिया है। अपनी अप्रतिम भावना को जगाने के एक माध्यम के रूप में ही कवि ने भागवतीय कथावस्तु को ग्रहण किया है।"

कथा आख्यान और प्रस्तुतीकरण दोनों में श्रीमद्भागवत और कृष्णगाथा में एकता मिल जाती है, लेकिन इन दोनों रचनाओं के लक्ष्य में काभी अन्तर है।

श्रीमद्भागवत का मुख्य उद्देश्य भक्ति माधुर्ययुक्त अद्वैत दर्शन है अत: इसकी प्राप्ति के उपयुक्त दार्शनिक इसमें समाहित है।

भागवत के दशमस्कन्ध के समान भी दो भागों में प्रथम भाग और द्वितीय भाग में विभक्त हैं—प्रथम भाग (पूर्वार्द्ध) में अठारह शीर्षक हैं और द्वितीय (उत्तरार्द्ध) में उन्नतीस शीर्षक। इन सैंतालीस खण्डों में लगभग साठ मुख्य कथाएँ हैं जिनको अपनी नयी-नयी उद्भावनाओं के साथ कवि में सुनाया है। कृष्णोत्पत्ति से लेकर अक्रूरागमन तक को कथाएँ प्रथम भाग में हैं तथा कंस सद्गति से लेकर स्वर्गारोहण तक उन्नतीस आख्यान द्वितीय भाग। प्रथम भाग की सभी कथाओं में श्रीकृष्ण की अनेकानेक मनोहर लीलाएँ वर्णित हैं। भूभाग में रुक्मिणी स्वयंवर राजसूयम, सोमद्रिक कथा जैसे सन्दर्भ कवि के विशेष भाव-विलास से वर्णित है।

प्रथम भाग के आख्यान निम्नलिखित हैं— कृष्णोत्पत्ति, पूतनामोक्षम् उन बंचनम्, वत्सस्तेय, कालियामर्दनम्, ग्रीष्म वर्णनम्, प्रावृवर्णनम्, शरदर्णनम् रमन्त वर्णनम्, हेमन्त लीला, विप्रपत्नयनुग्रह लीला, गोवर्द्धनोद्धारणम्, नन्दमोक्षम्, वेणुगान, गोपिका दुःखम् रासक्रीड़ा, कंसमन्त्रम्, अक्रूरागमनम्।

द्वितीय भाग के आख्यान है कंससन्दित गुरुदक्षिणा, उद्धवद्दत, अक्रूर त्यस जरासन्ध युद्धम, रुक्मिणी स्वयंवरम, रुक्मिणीवधम्, वाणयुद्धम्, नृगमोक्षम् वलभद्रगमनम् पौण्ड्रक वधम्, सांचोदाहम नारद परीक्षा, खाण्डवदाहम् राजसूयम्, साल्व वधम्, सीरिणत्सीत्कथा, कुचेलगति तीर्थयात्रा, वृकासूर कथा, भृगु परीक्षा, सन्तानगोपालम्, राज्यस्थिति कथा, स्वर्गारोहणइन में सबसे छोटा खण्ड 'साल्व वध' है। जिसमें केवल चौंतीस पंक्तियाँ है और सबसे बड़ा खण्ड 'गोपिका दुःख' है, जिसमें 1496 पंक्तियों है।

कभी-कभी हर खण्ड में एक से अधिक कथाएँ भी आती हैं, जैसे उलूख बन्धन में शकटासुर वध, तृष्णावतन्त्र, विश्वरूप दर्शन, उलूखल बन्धन इत्यादि। वत्सस्तेष को वृन्दावन की यात्रा, वत्सवध, चकवध, अधासुर पथ ग्रहमा की परीक्षा इत्यादि।

पाण्डवों के स्वर्ग प्रवेश तथा यहाँ उनके दिव्य सुखानुभव की कथा ही गाथा का कथापरक अन्तिम भाग है। फिर कवि की प्रार्थना है कि उनको सदा भगवान् की उपासना करते रहने का अवसर मिले।

इस प्रार्थना के साथ उपसंहार भी समाप्त हो जाता है। इन सबके बाद इक्कीस द्विपदियों में एक स्तोत्र भी दिया गया है जिसमें भगवान् की महत्ता का वर्णन किया गया है। इसके सभी चरणों में 'हरि' शब्द लगाया गया है और हरि हरि हरि हरि शब्द से ही गाथा की समाप्ति हो जाती है।

कृष्ण लीलाओं के विविध भावों और रूपों का वर्णन ही चेरुश्शेरी चाहते थे। अत: इस लक्ष्य की पूर्ति के अनुरूप इन्होंने भागवतीय कथा सन्दर्भों को गाथा में विन्यस्त किया है। सारे सन्दर्भों को विशिष्ट और पूर्ण बनाने में ही कवि का ध्यान रहा। इसलिए गाथा में कई सन्दर्भों का वर्णन अत्यन्त विस्तृत हो गया है। भागवत् के रूखे दर्शन प्रधान सन्दर्भों को मोहक ओजस्वी और प्रभावी बनाने में कवि को अपूर्व सफलता मिली है।

यद्यपि उक्त सारे प्रकरण भागवत् के होते हैं तथापि कवि ने अपने लक्ष्य के अनुसार कई प्रकरणों को विस्तार भी दिया है। संक्षिप्त भी कर दिया है तथा कई सन्दर्भों को छोड़ भी दिया है, वस्तुत: काव्य के सौमा निर्धारण के लिए मात्र कवि ने भगवान् का आश्रय लिया है।

दशमस्कन्ध के इतिवृत्त तथा वर्णनों में कवि ने जो परिवर्तन किये हैं, वे निम्नलिखित प्रकार से हैं—

विष्णु के अवतारों का वर्णन (कृष्णोत्पत्ति), मथुरा का ऐश्वर्य वर्णन, जन्म के अवसर के कृष्ण के रूप सौन्दर्य और शोभा का वर्णन (कृष्णोत्पत्ति), यशोदा की पुत्री के रूप में जन्मी विष्णु माया की महत्ता और मोहक रूप-सौन्दर्य का वर्णन (कृणोत्पत्ति), बालकृष्ण की शरारतों का वर्णन (उलूखल बन्धन), यशोदा के मातृ-हृदय का वर्णन माटी भक्षण वर्णन (उलूखल बन्धन), बालकृष्ण का वेणुगान सन्दर्भ रासक्रीड़ा सन्दर्भ खाण्डवदाह, सौभद्रिक कथा सन्दर्भ, भगवान् की वैकुण्ठ प्राप्ति का सन्दर्भ इत्यादि प्रकरणों को कवि ने विस्तार दिया है। इन सन्दर्भों में कवि ने अपनी स्वतन्त्र भावनाओं से वर्णनों को चमत्कारपूर्ण बना दिया है। भगवान् को वैकुण्ठ-प्राप्ति के अवसर पर ब्रह्मा, इन्द्र, रुद्र, वसु, आदित्य, अश्विनी देव मुनिवृन्द आदि आकश मार्ग पर एकत्र हुए। वे परम भक्ति से स्तुतियाँ करते हैं। ये स्तुतियाँ पाँच सौ पंक्तियों में फैली पड़ी हैं।

भक्ति साहित्य में सूरदास का स्थान

भक्त कवि सूरदास हिन्दी साहित्याकाश के सूर्य और ब्रज भाषा के वाल्मीकि हैं। डॉ. हजारी प्रसाद द्विवेदी के अनुसार प्रारम्भ में सूरदास दास्य भाव की ओर अधिक झुके हुए थे और बल्लभ सम्प्रदाय में दीक्षित होकर उन्होंने सख्य या वात्सल्य को अपनाया। सूरदास की भक्ति अनन्य कोटि की है, जिसका स्पष्ट प्रमाण उनके विनय पद प्रस्तुत करते हैं। परमात्मा के सम्मुख अपनी नम्रता या दीनता प्रकाशित कर उनके अनुग्रह की आकांक्षा करना ही विनय है। भक्त भगवान् के सम्मुख अपने दैन्य

को प्रकाशित करता है, अपना हृदय खोलकर रख देता है तथा अपने पापों का पर्दा खोलकर रखने व प्रायश्चित्त करने को सन्नद्ध हो जाता है। विनय भगवान् को निकट से पाने व परखने का माध्यम है। स्वयं अपने हृदय को शुद्ध एवं निर्मल करने का भी वैष्णव सम्प्रदाय के अनुसार 'विनय' की सात अनिवार्य भूमिकाएँ हैं। सूरदास जी के विनय पदों की विवेचना करने पर यह स्पष्ट दृष्टिगत होता है कि महात्मा सूरदास ने अपने पदों में वैष्णव-भक्ति सम्प्रदाय की उपयुक्त भूमिकाओं को सफलतापूर्वक निभा लिया है। सूरदासजी के विनय पदों की यह विशेषता है कि उन्होंने भक्ति को अपने हृदय की बात बनायी है।

सूरदास सगुण भक्ति पर जोर देने वाले थे। निर्गुण की उपासना सब के हृदयंगम नहीं सकती इसलिए सगुणोपासना पर जोर देते हुए वे सगुण कृष्ण का लीलागान करते हैं—

"अविगत गति कछु कहत न आवै
सब विधि अगम विचारहि ताते 'सुर' सगुन लीलापद गावै।"

दैन्य और सख्य भक्ति के अतिरिक्त सूरदास में वात्सल्य भाव की भक्ति और माधुर्य। या प्रेम-भक्ति भी परिलक्षित होती है। वात्सल्य निष्काम भक्ति का पोषक है। सूर ने पुरुष होते हुए भी माता का ही हृदय पाया था। कृष्ण की बाल लीलाओं का माता यशोदा के साथ तादात्म्य पा लिया है।

माधुर्य भाव की अथवा प्रेम भक्ति की स्पष्ट झाँकियाँ भी सूर के 'भ्रमरगीत' प्रसंग के पदों में अंकित हुई हैं। कृष्ण के प्रति गोपियों के अटूट प्रेम का वर्णन करने वाले सूरदास मानो उनमें एक हो जाते हैं और अपने भक्ति भाव को खुल्लम खुल्ला प्रस्तुत करते हैं। निर्गुणोपासना पर सगुणोपासना की विजय की उद्घोषणा जो सूरदास ने अपने 'भ्रमरगीत' प्रसंग में किया है, वह सचमुच सूरदास की अनन्य कृष्ण भक्ति का द्योतक है।

सूर-काव्य का सर्वाधिक महत्त्वपूर्ण वर्णन वात्सल्य वर्णन है। कृष्ण की बाल लीलाओं का वर्णन प्रसंग वस्तुतः सूरसागर का अनमोल रत्न ही है। सूर का वात्सल्य वर्णन उन्हें इस क्षेत्र में विश्व का अद्वितीय कवि सिद्ध करता है। सूरदास ने बालकृष्ण की बाललीलाओं का जैसा स्वाभाविक व मनोवैज्ञानिक चित्र प्रस्तुत किया है। सूरदास का वालवर्णन अत्यन्त मनमोहक है। प्रकृति के सहज स्वाभाविक वर्णन के साथ-साथ उन्होंने माता के वात्सल्य का भी अनोखा चित्र खींच लिया है। कृष्णजन्मोत्सव के वर्णन के दौरान कृष्ण की रूप छवि तथा प्रजभूमि में नन्द यशोदा और गोप-गोपियों के आनन्दोल्लास का वर्णन करते हैं—

"आजु नन्द के द्वारे भीर।"
"आनु हो बधायो बाजे नन्दगोपराई को"

जैसे पदों में कृष्ण की विलक्षण रूप छवि तथा कृष्ण जन्म के पर्व पर ब्रज में छाये आनन्दोल्लास का सूरदास ने अनूठे चित्र खींचे हैं। कृष्ण जन्म के साथ-ही-साथ नन्द-यशोदा तथा ब्रज के गोप-गोपियों में हर्षोल्लास का सागर ही लहरा उठता है। नन्द के मकान के द्वार पर बड़ी भीड़ एकत्रित हो जाती है बधाई गान होते हैं, चारों ओर दान होता है, गोपी-ग्वाल ताली बजाकर नाचते है। सूर द्वारा चित्रित बाललीला के चित्र अत्यन्त हृदयहारी बन पड़े हैं। माता यशोदा बालकृष्ण को पालने में लिटाकर झुला रही है। कृष्ण आँखें मूँद लेते हैं। ज्यों ही माता चुप हो जाती है कृष्ण झट से रोने लगते हैं। शिशु का छोटे-से-छोटा कार्य भी माँ-बाप के लिए आनन्द बढ़ाने वाला है। बच्चा पहली बार उलट पड़ा तो माता का आनन्द देखते ही बनता है। मातृहृदय के ऐसे छिटपुट आनन्दोल्लास के चित्रण में सूरदास अपना सानी नहीं रखते। कनछेदन के अवसर पर माँ का हृदय काँप उठता है। कृष्ण को घुटनों चलते देख यशोदा माता हर्षित हो जाती हैं। शिशु प्रकृति के वर्णन के उपरान्त सूरदास ने बालकृष्ण की माखनचोरी, नटखटपन आदि के भी सजीव चित्र खींचे हैं। सूरदास बाल मनोविज्ञान के गहरे पारखी थे। यही कारण है कि बालकृष्ण के नटखटपन का मनोवैज्ञानिक चित्र खींचने में सूरदास सफल हुए हैं।

सूरदास ने केवल संयोग वात्सल्य का ही वर्णन नहीं किया है, बल्कि आपने वात्सल्य के दूसरे पक्ष-वियोग वात्सल्य का भी चित्रण किया है। जब कृष्ण गोकुल छोड़कर मथुरा चले जाते हैं, तो नन्द-यशोदा दुःख के सागर में डूब जाते हैं। पल भर के लिए भी यशोदा की पलकें नहीं जुड़तीं, वे एकदम व्याकुल हो उठती हैं। मातृहृदय की ऐसी करुणा, प्रेम की ऐसी व्याकुलता, अहं का ऐसा विलयन मुश्किल से ही अन्यत्र मिलेगा।

सूरदास के बाललीला वर्णन की दूसरी विशेषता उसकी स्वाभाविकता, वास्तविकता और मनोवैज्ञानिकता में निहित है। वात्सल्य वर्णन के बीच में भी सूरदास की अनन्य कृष्ण भक्ति की जो झलक उभर कर आती है वही सूरदास के बाल वर्णन की तीसरी अनूठी विशेषता है।

तुलनात्मक विवेचन

हिन्दी कृष्ण काव्य के मनीषी एवं युगान्तकारी, प्रतिभा सर्जक हम्बूक सूरदास और मलयालम कृष्णकाव्य के अप्रतिम प्रतिभाशाली चेरुश्शेरी दोनों के काव्य-सूरसागर

कृष्णगाथा-भावरूप एवं वस्तुशिल्प की संश्लिष्ट संयोजन चारुता से प्रस्फुटित वर्णगन्धयुक्त नवल सुमन हैं, जिनकी मधुधारा भारतीय सांस्कृतिक परम्परा को स्थायी रूप से आप्लावित करती रहती है।

सूर और चेरुश्शेरी दोनों ने अपनी-अपनी कारयित्री प्रतिभा की किरणें कृष्ण कथा पर ही विकीर्ण कर दी हैं। दोनों ने भागवत् को अपने-अपने काव्यों का आधार बनाया, लेकिन दोनों ने अपनी-अपनी विशेष प्रतिभा और काव्य लक्ष्यों के अनुसार कथा सन्दर्भों में अनेक परिवर्तन और परिवर्धन किये, अनेक नयी-नयी उद्‌भावनाएँ भी कीं जिनकी ज्योति उनकी रचनाओं में लहरा रही है। सूरदास ने सूरसागर की रचना कृष्णगाथा के समान महाकाव्य के रूप में नहीं प्रत्युत अनेक प्रकार के गेय पदों में ही की। कृष्णगाथा में चेरुश्शेरी ने परब्रह्म कृष्ण का जन्म, बाल्यकाल, यौवन, वैविध्यपूर्ण जीवन, बहुविध-लीलाएँ, स्वर्गारोगण इत्यादि को क्रम-क्रम से चित्रित किया।

सूरदास ने अपनी रचना के प्रारम्भ में अनेक प्रार्थनागीत रचे, माया का स्वरूप जीवन की क्षणभंगुरता, मनुष्य का अहंकार, उसकी चंचलता, उसकी होनता, स्वरूप इत्यादि का वर्णन अनेक गीतों में किया। कृष्ण गाथा में कवि ने अपने आध्यात्मिक और दार्शनिक विचारों, विभिन्न देव स्तुतियाँ आदि को मुख्य रूप से काव्य के अन्त में स्थान दिया जिनमें कवि की भक्ति भावना का भी विस्तृत परिचय मिल जाता है। सूरसागर में चित्रित कालिय दमन में सूरदास की नयी उद्‌भावनाएँ मिलती हैं। कृष्ण के दैनिक जीवन-कर्म, कंस नारद संवाद, कालिय के निवास में जाकर कमल पुष्पों का लाना, कंस का, नन्द गोप को भेजना इत्यादि प्रकरणों की नयी कल्पनाएँ सूर ने की हैं। अन्य किसी भी कवि ने इन दृश्यों पर ध्यान ही नहीं दिया। कालिय दमन के बाद जंगली अग से सम्बद्ध घटना, ग्रीष्मकालीन प्रकृति के विशेष परिवेश जैसे सन्दर्भ चेरुश्शेरी की कल्पना की उपज हैं। कृष्ण का मुरलीगान सुनकर सभी चराचारों का मोहित हो जाने का वर्णन दोनों कवियों ने विस्तार से किया है। राधा-कृष्ण लीला से सम्बद्ध पनघट प्रस्ताव के गीत सूरदास की नयी भावना है। चिरुश्शेरी ने भी अपनी सर्वतलस्पर्शी और सर्वातिशायी प्रतिभा से इन प्रकरणों का सहज और चमत्कारपूर्ण वर्णन किया है।

सूरसागर और कृष्णगाथा दोनों अपने-अपने सर्जकों के व्यक्तित्व की महत्ता और स्वतन्त्रता की उद्‌घोषणा करते हैं। दोनों कवि मूलतः सूक्ष्म सौन्दर्य कल्पना एवं विशिष्ट भावना के अनुभूति प्रवण एवं रससिद्ध कलाकार हैं। हिन्दी और मलायलम

में कृष्ण काव्य की अत्यन्त स्वस्थ परम्परा रही है। अपने जीवन का एक मात्र ध्येय हरि भजन मानते हुए सूरदास ने बड़े विस्तार से और गहराई से कृष्ण-लीलाओं पर एक महासागर रच डाला। उस अन्धे मनीषी महाकवि को पब्रह्म कृष्ण ने प्रज्ञाचक्षु प्रदान की थी। कृष्ण भक्ति के आधार ग्रन्थ श्रीमद्भागवत् को उपजीव्य बनाकर सूरदास ने सूरसागर की रचना की, उन्होंने भागवत् को कथा, सन्दर्भों के लिए मात्र आधार बनाया था, भागवत् के दशमस्कन्ध में वर्णित कृष्ण कथा ही इनका लक्ष्य रही है। कृष्ण की बहुरंगी लीलाओं के वर्णन में उन्होंने हजारों पंक्तियाँ लगायीं। केरल में भी शताब्दियों पूर्व कृष्ण को नायक बनाकर, लोकगीतों से प्रभावित होकर जनसाधारण की भाषा में चेरुश्शेरी ने एक विशालकाव्य महाकाव्य रचा। उन्होंने भी आधार ग्रन्थ के रूप में श्रीमद्भागवत् को स्वीकार किया। जैसे सूरदास ने किया वैसे ही चेरुश्शेरी ने भी कथा सन्दर्भों के क्रम को बनाये रखने के लिए मात्र भागवत् को उपजीव्य बनाया था। अन्यथा सूर और चेरुश्शेरी दोनों ने अपनी प्रतिभा नवीन-नवीन कल्पना तथा बहुरंगी अनेकानेक भावों की रमणीय उत्भावनाएँ करके भागवत् से अलग काव्य रचे हैं।

प्रारम्भ में कृष्णावतार की कथा है। सूरदास इस प्रसंग का वर्णन संक्षेप में करते हैं। तत्कालीन परिवेश नन्द, यशोदा तथा गोकुल के आनन्दोत्सव के वर्णन में कवि का मन लगा रहा। तत्कालीन धार्मिक विधि-विधानों के पालन का भी वर्णन मिलता है। कृष्ण गाथाकार ने भी कृष्णावतार के सन्दर्भ के आनन्दत्सव का वर्णन किया है। यह वर्णन कुछ संक्षिप्त ही है। जन्म के अवसर की कृष्ण शोभा का अत्यन्त भव्य चित्र जैसे सूरदास ने अंकित किया है, वैसे चेरुश्शेरी ने भी किया है। परिवेशगत मांगलिक क्षणों का विशद और सूक्ष्म वर्णन भी चेरुश्शेरी ने प्रस्तुत किया है। बाललीला के सन्दर्भ सूर और चेरुश्शेरी दोनों के लिए अत्यधिक प्रिय और आकर्षक विषय रहे हैं। सूरदास ने वात्सल्य का जितना स्वाभाविक वर्णन किया है, उतना सूक्ष्म वर्णन अन्यत्र मिलता नहीं। सूरदास के सम्बन्ध लेकर कहा गया है कि वे वात्सल्य के सम्राट हैं और वात्सल्य का कोना-कोना वे झाँक आये हैं। चेरुश्शेरी को लेकर भी यही कहा जाता है कि वे वात्सल्य के महाकवि हैं। कृष्णगाथा के पूर्व मलयालम में ऐसा कोई काव्य नहीं मिलता, जिसमें इतना सूक्ष्म, गहरा, संश्लिष्ट, विस्तृत और मनोवैज्ञानिक बाल-वर्णन हुआ हो।

गाथा के उत्तरार्द्ध में रुक्मिणी स्वयंवर, जरासन्ध वध, सुभद्राहरण, सन्तानगोपालम, सौभद्रिकम जैसे प्रकरण वर्णित है। इन सन्दर्भों को कवि अत्यन्त विस्तार और सरसता से प्रस्तुत करते हैं। सूरसागर में भी ऐसे महत्त्वपूर्ण सन्दर्भ

वर्णित हैं। इनमें रुक्मिणी स्वयंवर एवं सौभद्रिकम् नामक प्रकरणों में गाथाकार का पूरा काव्य-वैभव देखा जा सकता है। श्रृंगार और हास्य रसों का विशेष सम्मेलन यहाँ देखा जा सकता है।

सूरसागर में बालक कृष्ण और बलराम की अनेक लीलाओं का सविस्तार वर्णन है। बालकृष्ण का इन्द्रधनुषी चित्रण अंकित करके सूरदास ने अपनी सम्पूर्ण काव्यकला को मूर्त कर दिया है। रति नागर कृष्ण और नागरी राधिका का इतना विस्तृत और सूक्ष्म रंगीले वर्णन अन्यत्र प्राप्त नहीं है। कृष्णगाथा में तो गोपियों का सामूहिक चित्र मात्र आता है राधा के समान किसी विशेष गोपिका का वर्णन नहीं मिलता। गाथा के कई सन्दर्भों में कवि ने हास्य रस की भी योजना की है। गाथा आद्यन्त हास्य और व्यंग्योक्तियों से भी परिपूर्ण है। गोपिका दुःख, रासक्रीड़ा जैसे प्रसंगों में गाथाकार अतिशय रूप से श्रृंगारी दिखाई देते हैं। राधा और कृष्ण से सम्बन्धित बाल लीलाओं के वर्णन में दोनों कवियों ने बड़ी कुशलता दिखाई है। गाथा में पूतना मोक्ष, उलूखल बन्धन, वत्सस्तेय, कालीय दमन जैसे प्रकरणों में भी बाल-लीलाओं का विस्तृत वर्णन लिया गया है।

कृष्ण गाथाकार अनेकानेक अलंकारों की योजना से इन प्रसंगों को माधुर्यपूर्ण बनाते हैं। सूर-सागर में भी इन प्रकरणों का सरस और सौन्दर्यपूर्ण वर्णन मिलता है।

मणिप्रवालम्

मणिप्रवालम् कविता का एक रूप है जो 13वीं शताब्दी में गीत के समानान्तर उभरा। यह एक काव्य प्रणाली है जिसमें संस्कृत और मलयालम एक दूसरे से अप्रभेद्य हैं। मणिप्रवालम और पट्ट की विशेषताओं को 14वीं शताब्दी के संस्कृत ग्रन्थ लीला तिलकम् में परिभाषित किया गया है। भाषा संस्कृत योग मणिप्रवालम। मणि का अर्थ है माणिक, एक लाल पत्थर। 'प्रवालम' का अर्थ है–मूंगा। मणि एक द्रविड़ भाषा है और प्रवालम् एक संस्कृत भाषा है। रूबी और मूँगा एक ही रंग के होते हैं। यदि आप इन्हें मिलाकर एक हार बना लें तो आप मणि और प्रवाल में भेद नहीं कर पायेंगे। इसी तरह, यह विचार कि मलयालम और संस्कृत को मिलाकर एक नयी भाषा बनायी गयी। आचार्य कहते हैं, "तमिलमणि संस्कृत पावझम कॉकिंटन व्रतमना चेन्नुमेल।" कूथ और कोयट्टम के कला रूपों ने मणिप्रवालम के विकास में मदद की।

मणिप्रवाल साहित्य मलयालम साहित्य के इतिहास में सबसे समृद्ध काल का प्रतिनिधित्व करता है। यह एक आन्दोलन है जो भाषा, काव्य विषय, रचना और काव्य सौन्दर्य के तत्त्वों में नयी नींव डालता है।

विज्ञजनों की भाषा की हैसियत से उसका मलयालम पर गहरा प्रभाव पड़ा। विद्यालयों, पण्डितों की गोष्ठियों, विनोदात्मक रंग-मंचों, आध्यात्मिक केन्द्रों वगैह में संस्कृत, मलयालम मिश्रित भाषा में पुराण कथा-वर्णन, तत्त्व-प्रतिपादन व्याख्याएँ तथा विवाद आदि सर्वसाधारण हो गये। यहाँ तक होने के बाद तो वह बिना काल विलम्ब के कविता में भी व्याप्त हो गयी। यह मणिवाल सिर्फ मलयालम में उपलब्ध भाषा-संगमन नहीं है, अपितु तमिल, तेलुगू जैसी अन्य भाषाओं में भी ऐसा संकलन पाया गया है।

'मणिप्रवालम' में भाषांश तथा रस दोनों की प्रधानता रहती है, वही उत्तम श्रेणी का माना जाता था। सभी प्रकार के उपर्युक्त श्रेणी विभाजन से यह बात सिद्ध होती है कि 'मणिप्रवालम्' का मुख्य अंश हर हालत में मलयालम ही रहा है। सामूहिक तथा सांस्कृतिक समन्वय की जो प्रक्रिया केरल में हो रही थी, वास्तव में उसी का प्रतिरूप यह 'मणिप्रवालम्' था।

पन्द्रहवीं शताब्दी के आस पास 'लीलातिलकम्' जैसा एक लक्षण ग्रन्थ तैयार हुआ। इससे यह अनुमान किया जा सकता है कि उसके पूर्व कम-से-कम चार-पाँच शताब्दियों तक मणिप्रवालम्-साहित्य का विकास हुआ होगा। 'लीलातिलकम्' कई श्रेणियों और प्रणालियों में विकसित होने वाली एक विपुल साहित्य परम्परा का साक्षी है। ईश्वरीय स्तोत्र, राजाओं के कीर्ति गान और स्थल-माहात्म्य, नायिका वर्णन, सन्देश, उत्सव-वर्णन, व्यंगोक्तियाँ इत्यादि विभिन्न प्रकार की रचनाएँ उनमें दिखाई देती हैं।

जीवन की सरलता और सौन्दर्य से इतना अधिक ओत-प्रोत दूसरा कोई काव्य मुश्किल से दिखाई देगा। उस सौन्दर्य दर्शन में कामातुरता का संकलन ज्यादा मात्रा में हुआ है, ऐसा हमें लगेगा। पर वह उन दिनों की जीवन-रसिकता का प्रतिबिम्ब मात्र था, यह हमें समझ लेना चाहिए। साधारण जनता के जीवन की झलक 'मणिप्रवालम्' में लेशमात्र भी नहीं मिलती, यही कहना चाहिए। सामन्त-व्यवस्था की उन्नत श्रेणी के जीवन का भी उसमें विभागीय दर्शन मात्र ही मिलता है, समग्र जीवन-दर्शन के लिए उसमें कोई स्थान नहीं है। प्रौढ़ तथा गम्भीर विषयों और चिन्तन की उसमें कोई प्रसक्ति नहीं पायी जाती। जीवन के कर्कश और अप्रसन्न अंशों को उन कवियों ने परि-गणना योग्य कभी माना हो, इसका उदाहरण नहीं मिलता। कविता जहाँ तक आनन्दात्मक बनायी जा सकती है, उसकी चरम सीमा तक उत्कर्ष ही उनका प्रयत्न रहा है। हो सकता है, यही कारण रहा हो कि उन्होंने श्रृंगार को सर्व प्रधान माना। श्रृंगार के विभिन्न अंशों का ऐसी अनुभव रसिकता के साथ चित्रण दूसरी किसी

कविता-सारिणी में बिरला ही प्राप्त होगा। 'मणिप्रवालम्' में शुरू से आखिर तक श्रृंगार को और सुन्दर बनाने वाला मनोज्ञ अन्तरिक्ष ही पाया जाता है। वे कामिनी-कामुक, जिनके सामने पारस्परिक अनुराग की फल प्राप्ति को छोड़कर दूसरा कोई जीवन लक्ष्य है ही नहीं और उनके योग्य विशेष साहचर्य यही सब मणिप्रवालम् का अपना वातावरण है। उन कामिनी-कामुकों के लिए यदि संसार में कोई दुःख है तो केवल यही कि वे पारस्परिक वियोग से खिन्न हैं और उनकी यह स्थिति है कि वह दुःख नरक यातना से भी भयानक है। उसके बाद के समागम का क्या कहना। वह तो उनके लिए साक्षात् स्वर्गीय निवृत्ति है। इन काव्यों में अक्सर प्रतिपाद्य अनुराग कथाएँ होती थीं। श्रृंगारोद्दीपक जो कुछ भी है, वह सभी-वसन्त की चन्द्रिका, शीतल रात्रियाँ, मनोहर उद्यान, रम्य हर्म्य, वस्त्र एवं आभूषण, अलंकार, दौत्यवाहिनी सखियाँ, सान्त्वना प्रदान करने वाले सखा इत्यादि नून कविताओं में जगह पायी है।

'लीलातिलकम्' के बाद निकटतर भविष्य में लिखी गयी 'मणिप्रवालम्' कृतियों। में ज्यादातर रचनाएँ नायिका वर्णन और उनके गुणगान से पूर्ण थीं, यही मालूम पड़ता है। पौराणिक कथाओं के आधार पर जो चम्पू-प्रबन्ध-परम्परा बाद में चली, उसका आविर्भाव उन दिनों नहीं हुआ था। मलयालम में, शायद आधुनिक। काल को छोड़, कवियों के स्वानुभवों की सीमा मात्र से उद्भूत विषयों की अवलम्ब बनाकर लिखी गयी कविताएँ इतनी अधिक मात्रा में कभी हुई हों, ऐसा नहीं प्रतीत होता। वे कृतियाँ कालान्तर की चम्पू कविताओं की अपेक्षा जरा और अकृत्रिम नमूने की थीं। 'उण्णियचरितम्', 'उण्णियाटीचरितम्', 'उण्णिच्चिरुतेवी चरितम्' ये तीनों उन रचनाओं में आती हैं। ये रचनाएँ अभी सम्पूर्ण रूप से प्राप्त नहीं हुई हैं; मगर उनके जितने भाग मिले हैं, वे विशिष्ट काव्य-शिल्प के उदाहरण हैं।

मणिप्रवालम् काव्य को चम्पू काव्य, सन्देश काव्य जैसे विभिन्न रूपों में विभाजित किया गया है।

वैशिक तन्त्रम्

माना जाता है कि मणिप्रवालम् काव्य-धारा की सबसे प्राचीन कृति। इसके कवि का नाम अज्ञात है। वेश्यावृत्ति की महत्ता ही इस रचना का कथ्य है। इस वृत्ति में लगे एक कुटुम्ब को दादी अपनी पौत्री अनंगसेना (इस काव्य की नायिका) को इस वृत्ति का महत्त्व खाता रही है। दादी अपनी परम्परा पर गर्व करती है। वह पौत्री को उपदेश देती है कि शैक्षिक वृत्ति एक विशिष्ट कला है और सभी सुन्दरियों को इस कला में दक्ष होना चाहिए, तभी वह सब प्रकार के कामुक वृन्दों को सन्तुष्ट कर सकती है।

देवालयों से सम्बद्ध लोगों को तृप्त करने की जिम्मेदारी भी उसको निभानी है। अपनी वृत्ति की पवित्रता को बनाये रखना भी उसका कर्तव्य है। केरल के चम्पूकाव्यों की यही विशेषता है कि उनमें जो गद्य आया है वह भी पद्य के समान ही छन्दोबद्ध है। पद्य संस्कृत के वसन्त-तिलक, स्रग्धरा, इन्द्रवज्रा जैसे प्रसिद्ध छन्दों में है तो गद्य द्राविड़ छन्द तरंगिणी में रखा गया है। वस्तुतः मलयालम के चम्पू काव्य, मिश्रित छन्दों में हैं।

अब तक तीन प्राचीन चम्पू-काव्य प्राप्त हुए।

1. उण्णियच्ची चरितम्
2. उण्णिच्चिरुतेवी चरितम्
3. उण्णियाटी चरितम्

मॉड्यूल-3

हिन्दी-मलयालम कविता

उन्नीसवीं शताब्दी के उत्तरार्द्ध तक आते-आते मलयालम-कविता के क्षेत्र में नवीनता का प्रस्फुटन दिखाई देने लगा था। कविता पुराणों तथा प्रासादों की चहारदीवारी को तोड़कर सामान्य जनजीवन के उन्मुक्त वातावरण की ओर प्रवाहित होने लगी। इसकी पूर्व पीठिका मध्यकाल के व्यंग्य-कवि कुंचन नंपियार की कविताओं में परिलक्षित है। कुंचन नंपियार के बाद कविता को जनजीवन के निकट लाने का काम वेण्मणि परमेश्वरन नंपूतिरिप्पाडु तथा वेण्मणि कदम्बन नम्पूतिरिप्पाडु कविद्वय ने किया। ये दोनों पिता-पुत्र हैं। इन दोनों की कविताओं में मलयालम की निजी अभिव्यंजना-शैली प्रस्फुटित हुई है। इनकी कविताएँ मलयालम की काव्यभाषा को जनभाषा के काफी निकट ले आयीं। इनकी कविताएँ अत्यन्त सरस और सरल हैं। वेण्मणि परमेश्वरन नंपूतिरिप्पाडु की रचनाएँ हैं—'गजेन्द्रमोक्षम्', 'रामेश्वरयात्रा', श्रृंगार श्लोक' आदि। कदम्बन नम्पूतिरिप्पाडु की रचनाएँ हैं—'पूर प्रबन्धम', 'कवि 'पुष्पमाला', 'अम्बोपदेशम्', 'पंचाली स्वयंवरम्' आदि।

एक और वेण्मणि कवियों ने मलयालम कविता को नयी दिशा प्रदान की तो दूसरी ओर केरल वर्मा बलियकोयितम्पुरान तथा ए.आर. राजराज वर्मा ने नयी ऊर्जा दी। केरल वर्मा ने मलयालम-गद्यसाहित्य के स्वरूप-निर्धारण में महत्त्वपूर्ण योगदान तो दिया ही है। साथ-ही-साथ कवि तथा अनुवादक के रूप में भी उन्होंने अपना एक महत्त्वपूर्ण स्थान बनाया है। कालिदास के 'अभिज्ञानशाकुन्तलम्' का सर्वप्रथम अनुवाद करके आपने 'केरल कालिदास' की उपाधि प्राप्त कर ली। केरल वर्मा की अत्यन्त प्रसिद्ध कृति है 'मयूर सन्देशम्'। यह कालिदास के 'मेघदूत' के अनुकरण पर लिखा सन्देशकाव्य है।

ए.आर. राजराज वर्मा ने भी कालिदास के 'शाकुन्तलम्' का अनुवाद मलयालम में किया जो 'मलयालम शाकुन्तलम्' नाम से प्रसिद्ध है। राजराज वर्मा का 'केरल पाणिनीयम्' मलयालम का एकमात्र सर्वांगपूर्ण व्याकरण है। व्याकरण के

अतिरिक्त आपने छन्दशास्त्र, साहित्यशास्त्र आदि का निर्माण कर मलयालम् भाषा को संस्कृत से सर्वथा स्वतन्त्र अस्तित्व प्रदान किया।

बीसवीं शताब्दी के आरम्भ में मलयालम के काव्य-क्षेत्र में प्रमुखत: दो प्रकार की धाराएँ विकसित हुई—महाकाव्य धारा और खण्डकाव्य धारा। बीसवीं शताब्दी की शुरुआत में अनेक महाकाव्यों का निर्माण मलयालम में हुआ। इस समय के प्राय: सभी कवियों ने महाकाव्य लिखकर अपनी सृजनात्मक शक्ति का परिचय दिया। मलयालम के आधुनिक काल का पहला महाकाव्य है—'रामचन्द्र विलासम्'। इसके रचनाकार अषकत्तु पद्मनाभ कुरुप्प हैं। 'रामचन्द्र विलासम्' का प्रकाशन सन् 1904 में इसका वर्ण्य विषय श्रीराम की कथा है। पन्तलम् केरल वर्मा का 'रुग्मांग चरितम्', हुआ। उल्लूर एस. परमेश्वरन् का 'उमा केरलम्', के.सी. केशव पिल्लै का 'केशवीयम्', वल्लत्तोल नारायण मेनोन का 'चित्रयोगम्' आदि आधुनिक मलयालम साहित्य के आरम्भकालीन प्रमुख महाकाव्य हैं।

महाकाव्यों के निर्माण के साथ-साथ खण्डकाव्यों का भी निर्माण होने लगा था। खण्डकाव्य के निर्माण के साथ मलयालम में एक नयी काव्यप्रवृत्ति का भी प्रस्फुटन हुआ जो 'काल्पनिक कविता' नाम से अभिहित की जाती है। 'काल्पनिक कविता' को हम 'स्वच्छन्दतावादी कविता' या 'रोमांटिक कविता' भी कह सकते हैं। क्योंकि इस काव्य प्रवृत्ति के अभ्युदय के लिए अंग्रेजी की उत्कृष्ट रोमांटिक रचनाएँ ही प्रेरणास्त्रोत रही हैं।

काल्पनिक कविता : खण्डकाव्यों का निर्माण काफी मात्रा में होने लगा तो काल्पनिक कविता की प्रवृत्ति भी खूब पल्लवित होने लगी। राजराज वर्मा के 'मलय विलास' (1895) को काल्पनिक कविता (स्वच्छन्दतावादी कविता) का प्रथम प्रयास कहने में कोई आपत्ति नहीं। यह एक आत्मनिष्ठ काव्य है। इसमें कवि का रोमांटिक व्यक्तित्व उभर आया है। 'मलयविलास' के उपरान्त मलयालम में स्वच्छन्दतावादी काव्य-प्रवृत्ति का उत्तरोत्तर विकास होता गया और समकालीन कविता में भी उसका अस्तित्व कायम है।

प्रारम्भकालीन स्वच्छन्दतावादी कवियों में के.सी. केशव पिल्लै, सी.एस. सुब्रह्मण्यम पोट्टि, बी.सी. बालकृष्ण पणिक्कर, कुट्टमत्तु आदि के नाम उल्लेखनीय हैं। केशव पिल्लै का काव्य है—'आसन्नमरणचिन्ताशतकम्'। इसमें मृत्यु की प्रतीक्षा कर रहे एक गृहस्थ की दु:खपूर्ण स्मृतियों का भावुकतापूर्ण वर्णन हुआ है। सी.एस. सुब्रह्मण्यम पोट्टि का काव्य है—'ओरु विलापम्'। यह मलयालम का प्रथम शोककाव्य माना जाता है। इसकी रचना सन् 1902 में हुई

थी। यह काव्य कवि की पुत्री की असमय मृत्यु की पीड़ा से उद्‌भूत है। इस रचना ने मलयालम में शोककाव्य-परम्परा की सुदृढ़ नींव डाली। नालाघाट्टु नारायण मेनोन का 'कण्णुनीरतुल्लि', बालकृष्ण पणिक्कर के 'ओरू विलापम्', 'नागानन्द', 'विश्वरूप' आदि अन्य आरम्भकालीन काल्पनिक काव्य हैं।

जब मलयालम काव्य-जगत् में कवित्रय का पदार्पण हुआ तब से रोमांटिक अथवा काल्पनिक काव्य-प्रवृत्ति अत्यन्त परिपक्व हो गयी। ये कवित्रय हैं—कुमारनाशान, उल्लूर एस. परमेश्वर अय्यर तथा वल्लत्तोल नारायण मेनोन इनकी रचनाओं से मलयालम-कविता में नयी चमक आ गयी। इनकी रचनाएँ सामाजिक दायित्व तथा युग-बोध से संपृक्त हैं।

कुमारनाशान (1873-1921) आधुनिक केरल के प्रसिद्ध समाजोद्धारक श्रीनारायण गुरु के शिष्य थे। आशान ने अपनी कृतियों के द्वारा समाज में व्याप्त जाति-भेद, सामाजिक अन्याय तथा गरीबों के शोषण का विरोध किया। आशान का प्रसिद्ध खण्डकाव्य है—'वीणपूव्' (मुरझाया फूल)। यह सन् 1909 में प्रकाशित हुआ। इस काव्य ने स्वच्छन्दतावादी कविता को मलयालम में प्रतिष्ठित किया। आपकी अन्य 'रचनाएँ हैं—'नलिनी', 'करुणा', 'लीला', 'प्ररोदन', 'चण्डालभिक्षुकि', 'चिताविष्टयाय सीता', 'दुरवस्था' आदि।

वल्लत्तोल नारायण मेनोन (1878-1958) की कविता मानवप्रेम, राष्ट्रप्रेम तथा प्रकृतिप्रेम की त्रिवेणी है। रचनाओं की संख्या तथा गुणवत्ता, दोनों दृष्टियों से वल्लत्तोल की तुलना बहुत कम कवियों के साथ सम्भव है। आपकी कविताओं में भारतीय संस्कृति तथा मूल्यों के उदात्त पहलुओं को अभिव्यक्ति मिली है। राष्ट्रीय आन्दोलन ने आपकी रचनाओं को एक नया तेवर प्रदान किया। साथ-ही-साथ राष्ट्रीय आन्दोलनकारियों को ऊर्जा और ऊष्मा प्रदान करने में भी आपकी कविता ने महत्त्वपूर्ण भूमिका निभायी है। वल्लत्तोल की प्रमुख रचनाएँ हैं—'चित्रयोग', 'ऋतु विलास', 'शिष्यनुम मकनुम', 'कोच्चु सीता', 'बन्धनस्थ अनिरुद्ध' आदि।
उल्लूर एस. परमेश्वर अय्यर (1877-1949) पाण्डित्य और कवित्व का समन्वित व्यक्तित्व रखते हैं। आपकी कविता को प्रमुख विशेषता अतीत गौरव की भावना है। आपकी चेतना प्राचीन भारतीय गरिमा में इतनी निमग्न है कि भारतीय संस्कृति तथा सभ्यता के प्रतिक्रियावादी तत्त्वों की ओर आप ध्यान ही नहीं देते। उल्लूर की कविता आध्यात्मिकता के आलोक से प्रदीप्त भी है। सामयिक समस्याओं का विश्लेषण करने के लिए उन्होंने प्राचीन इतिवृत्तों का सहारा लिया। जाति-पाँति, साम्प्रदायिकता, नारी-निन्दा, अस्पृश्यता, गुलामी आदि के विरुद्ध आवाज उठाने के लिए उन्होंने

अपनी कविता को माध्यम बनाया। उनकी प्रमुख काव्य कृतियाँ हैं—'उमा केरलम्', 'कर्ण भूषणम्', 'पिंगला', 'भक्तिदीपिका' आदि कवित्रय के बाद मलयालम में उनके समान महिमामण्डित कवियों का प्रादुर्भाव तो नहीं हुआ परन्तु भावोद्रेकमयी कविताओं से जन-हृदय को आनन्दित करने वाले कवियों का अभाव नहीं था। ऐसे कवियों में वेण्णिक्कुलम गोपाल कुरुप पी. कुञ्ञिरामन नायर, बालामणि अम्मा, जी. शंकर कुरुप आदि प्रमुख हैं।

वेण्णिक्कुलम की कविता में मानवीय सम्बन्ध नाना रूपों में पूर्ण प्रकर्ष के साथ प्रस्फुटित हुए हैं। आपकी श्रेष्ठ कविताओं का संकलन है—'कदली वनम्' अनुवादक के रूप में भी कुल विख्यात है आपका 'तुलसी रामचरितमानस' (पद्यानुवाद) बहुचर्चित है मलयालम में भावगीतों के रचयिता के रूप में पी. कशिरामन नावर प्रसिद्ध हैं। अपनी कविता से मातृत्व की विशुद्धि तथा निर्मलता प्रदान करने वाली कवयित्री हैं बालामणि अम्मा। आपकी कविताएँ समस्त विश्व के प्रति जननी की भावना से ओतप्रोत हैं 'अम्मा', 'अंजली, कुटुम्बिनी', 'नारी हृदय', 'प्रभांकुर' आदि बालामणि अम्मा की प्रमुख काव्य-कृतियाँ हैं।

मलयालम-कविता को प्रौढ़ता प्रदान करने वाले कवियों में अग्रणी हैं—जी. शंकर कुरुप मलयालम-कविता में परिवर्तन की शंखध्वनि बजाने वाले कवि हैं—शंकर कुरुप प्रकृति, प्रगति और चेतना के कवि हैं कुरुप मानवीयता पर प्रहार करने वाली शक्तियों और व्यवस्थाओं के प्रति विद्रोह का स्वर भी उनकी कविताओं में मुखरित है। जी. शंकर कुरुप की प्रमुख कृतियाँ हैं—साहित्यकौतुकम्', 'सूर्यकान्ति', 'ओटक्कुष़ल', 'मुत्तुकल', 'विश्वदर्शनम्' 'जीवन संगीतम्' आदि इनमें 'ओटक्कुष़ल' (बाँसुरी) साठ कविताओं का संग्रह है जो प्रथम ज्ञानपीठ पुरस्कार से सम्मानित है। मलयालम की काल्पनिक (रोमांटिक काव्यधारा को आगे बढ़ाने में अन्य दो गीतकारों को भी प्रमुख स्थान दिया जाता है। वे हैं—चङङम्पुषा कृष्ण पिल्लै तथा इटप्पल्लि राघवन पिल्लै। इन्होंने अपनी रागात्मक अनुभूतियों को संगीतमयी अभिव्यक्ति प्रदान करके मलयालम काव्य-जगत् को नूतन चमत्कार प्रदान किया। चङङम्पुषा की प्रमुख रचनाएँ हैं—'रमणन', 'रक्तपुष्प', 'बाप्पांजली', 'ओणप्पूक्कल', 'यवनिका', 'स्वररागसुधा' आदि। इनमें 'रमणन्' अत्यन्त लोकप्रिय है। इटप्पल्लि की कृतियाँ हैं—'तुषारहारम्', 'मणिनादम्', 'नवसौरभम्', 'हृदयस्मितम्' आदि।

उपर्युक्त कवियों के अतिरिक्त अक्कित्तम्, ओलप्पमण्णा, अय्यप्पन, सरदार के.एम. पणिक्कर, कुट्टिप्पुरत्तु केशव नायर, सुगत कुमारी, जी. कुमार पिल्लै,

विष्णु नारायणन नंपूतिरि, एन.एन. कक्काट आदि आधुनिक मलयालम-कविता के हस्ताक्षर हैं जिनकी कविताओं में एक और रोमांटिक भावधारा की छाप हैं तो दूसरी ओर युग-बोध की सम्पृक्ति भी।

क्रान्ति-चेतना की कविता : सन् 1930 तक आते-आते कवियों की दृष्टि कल्पना-लोक से उतरकर सामान्य जनजीवन पर पड़ने लगी। तब तक भारतीय साहित्य में प्रगतिवाद की लहर रूपायित होने लगी थी। मलयालम-कविता भी इस लहर से बच नहीं पायी। साम्यवादी जीवन-दर्शन का प्रभाव मलयालम के कवियों पर भी पड़ा। धीरे-धीरे मलयालम-कविता में क्रान्ति की तीक्ष्ण ज्वालाएँ प्रस्फुटित होने लगीं। क्रान्ति-बोध से सम्पृक्त कविताएँ लिखने वालों में वैलोप्पिल्लि श्रीधर मेनोन, इटश्शेरी गोबिन्दन नायर, एन.वी. कृष्ण वारियर, वयलार राम वर्मा, ओ.एन.वी. कुरुप, पी. भास्करन, पुतुश्शेरी रामचन्द्रन, पुनलूर बालन, केटामंगलम् पप्पुक्कुट्टी आदि विशेष स्मरणीय हैं। इनकी कविताओं में नये जीवन-दर्शन एवं सुदृढ़ सामाजिक प्रतिबद्धता द्रष्टव्य है। इन्होंने विभिन्न समसामयिक सामाजिक समस्याओं को विषय बनाते हुए कविताएँ लिखीं और मलयालम-कविता को नये आयाम दिये।

वैलोप्पिल्लि श्रीधर मेनोन ने जनसाधारण के जीवन की समस्याओं को निकट से अनुभव किया था। जड़ प्रकृति की ओर रोमांटिक कवियों की दिव्य भावनावाली दृष्टि को मेनोन स्वीकार नहीं करते। वे मानते हैं कि प्रकृति में रमणीयता अवश्य है, पर उसमें करालता भी वर्तमान है। उसके साथ संघर्ष करने में ही जीवन की प्रगति सम्भव है। 'कन्निक्कोयत्तु', 'श्रीरेखा', 'वित्तुम कैक्कोट्टुम', 'कुटियोषिक्कल' आदि वैलोप्पिल्लि की प्रमुख काव्य-कृतियाँ हैं।

इटश्शेरी गोविन्दन नायर ने मौजूदा पूँजीवादी सभ्यता के विरुद्ध संघर्ष करना अपना जीवन-लक्ष्य समझा। दलित एवं पीड़ित जनसाधारण की मुक्ति इटश्शेरी की काव्य-रचना का उद्देश्य था। आपकी कविता में माधुर्य की अपेक्षा पौरुष एवं आक्रोश की प्रधानता है। उन्होंने अपनी कविताओं में जीवन की खुरदुरी वास्तविकताओं का चित्रण किया है। उनके प्रमुख काव्य संग्रह हैं—'पुत्तनकलवुम अरिवालुम', 'काविले पाट्टु', 'करुत्त चेट्टिच्चिकल्' आदि।

एन.बी. कृष्ण वारियर ने कविता को जनसाधारण से जोड़ने का प्रयत्न किया। सामाजिक बोध से उद्भूत प्रतिषेध की तीक्ष्णता तथा खोखले-निरर्थक जीवन के विरुद्ध परिहास वारियर की कविताओं को असाधारण बना देते हैं। समसामयिक जीवन की विषमताओं पर प्रकाश डालने के लिए आपने कविता को एक सफल

साधन बना दिया। 'कोच्चु तोम्मन', 'लम्बी कविताएँ', 'गांधियुम गोडसेयुम', 'कालिदासंटे सिंहासनं' आदि वारियार के मुख्य काव्य-ग्रन्थ हैं।

वयलार राम वर्मा ने शुद्ध समाजवादी दृष्टिकोण को अपनाते हुए काव्य-रचनाएँ प्रस्तुत कीं। वे समाज़वादी व्यवस्था को देश के लिए कल्याणकारी समझते हैं। वर्मा ने भारतीय संस्कृति को आधुनिक जीवन से जोड़ दिया और उसको नये अर्थ-स्तर प्रदान किये। मलयालम के सर्वश्रेष्ठ फिल्मी गीतकारों में भी वयलार का प्रमुख स्थान है। 'पादमुद्रा', 'आयिषा', 'कोन्तयुम पूणूलुम', 'एनिक्कु मरणमिल्ला' आदि वयलार की प्रमुख काव्य-कृतियाँ हैं।

उपर्युक्त कवियों के अरिक्ति ओ.एन.वी. कुरुप, पी. भास्करन, पुतुश्शेरी रामचन्द्रन, पुनलूर बालन, के.पी.जी. नंपूतिरि, केटामंगलम् पप्पुक्कुट्टी आदि ने भी साम्यवादी जीवन-दर्शन को आत्मसात् करते हुए विभिन्न समसामयिक सामाजिक समस्याओं को काव्य का विषय बनाया और अपनी सुदृढ़ सामाजिक प्रतिबद्धता का परिचय दिया।

नयी कविता : मलयालम की नयी कविता के प्रवर्तक एवं प्रयोक्ता के रूप में के. अय्यप्प पणिक्कर का योगदान महत्त्वपूर्ण है। आपकी लम्बी कविता 'कुरुक्षेत्र' मलयालम की नयी कविता की पहली प्रामाणिक दस्तावेज मानी जाती है। पणिक्कर ने अपनी कविताओं में सामाजिक तथा राजनीतिक जीवन की विडम्बनाओं तथा विसंगतियों के तीखे व्यंग्य-चित्र प्रस्तुत किये हैं। काव्यभाषा के क्षेत्र में भी आपने अनेक सुधार-परिष्कार किये हैं।

सन् 1970 के आसपास मलयालम काव्य-क्षेत्र में प्रविष्ट कवि कटम्मनिट्टा रामकृष्णन ने समकालीन मलयालम-कविता को एक नया आयाम दिया। आपने अपनी कविताओं के द्वारा मलयालम-कविता को सर्वसाधारण के संवेदनशील दिलों तक पहुँचाने की कोशिश की। उन्होंने अपनी कविता के लिए लोक-जीवन से बिम्बों, प्रतीकों तथा शब्दों को ग्रहण किया और कविता को काफी सहज बना दिया। मलयालम-कविता को नूतनता प्रदान करने में एम. गोविन्दन का भी बड़ा हाथ है। आपकी कविताओं में लोक-जीवन की भाव-भंगिमा तथा व्यंग्य का चुभन है। बीसवीं शताब्दी के अन्तिम दशकों में मलयालम-कविता नव्य-नूतन प्रवृत्तियों को अपनाते हुए प्रगति की ओर अग्रसर हुई है। मलयालम के अधुनातन कवियों में के जी. शंकर पिल्ले, ए. अय्यप्पन, बालचन्द्रन चुल्लिक्काड़, सच्चिदानन्दन, देशमंगलम् रामकृष्णन, डी. विनयचन्द्रन, मधुसूदनन नायर, सुगत कुमारी, ओ.एन.वी. कुरुप, माधवन अय्यप्पत्तु, के.वी. रामकृष्णन, प्रभा वर्मा, ओ.वी. उषा, विजयलक्ष्मी,

रावण्णी आदि नितान्त नूतन भावबोध तथा शिल्पबोध को तलाशकर मलयालम-कविता को सम्भावनाओं के नये क्षितिज की ओर ले चलने में प्रवृत्त हैं।

आधुनिक हिन्दी में राष्ट्रीय भावना

हिन्दी काव्य में राष्ट्रीय भावना या इतिहास नया नहीं है इसकी जड़ें साहित्य में बहुत गहरी हैं। हिन्दी साहित्य काल वीर रस का स्वयं-युग है, को कविता में वीर भावना है। व्यापक अर्थों वाली राष्ट्रीय भावना का यहाँ भाववार और धनुष आपण, संघर्ष एवं जय और पराजय के वर्णन ही राष्ट्रीयता नहीं है। हिन्दी-कविता के भक्तियुग में भक्त और सन्त कवियों में केवल तुलसी हो ऐसे महाकवि है, जिन्होंने रामचरितमानस की रचना कर भारतीय राष्ट्रीयता को धर्म का रूप देकर देश और समाज को जागरूक बनाने का सफल कार्य किया। 15 अगस्त, 1947 को भारत स्वतन्त्र हुआ। यह देश के इतिहास में क्रान्तिकारी परिवर्तन था। इस क्रान्तिकारी परिवर्तन की उपलब्धि में भी राजनेताओं से बढ़कर उस राष्ट्रीय विचारधारा का प्रमुख हाथ था जिसे उस समय के कवियों अपनी रचनाओं के माध्यम से जन-जन तक पहुँचाया था। वास्तव में राष्ट्रीय एकता ही राष्ट्र की है और राष्ट्र की एकता के लिए उसकी उन्नति के लिए किया जाने चिन्तन-मनन ही राष्ट्रीय भावना है।

वर्तमान परिप्रेक्ष्य में विचारणीय प्रश्न यह है कि राष्ट्रीय भावना का यह सिलसिला महाकवि भूषण की रचनाओं से प्रारम्भ हुआ। भारतेन्दु जी की रचनाओं में फला-फूला और गुप्त, हरिऔध और सुभद्रा कुमारी चौहान एवं छायावादी कवि प्रसाद, निराला, पन्त, माखनलाल चतुर्वेदी नवीन आदि तक आते-जाते राष्ट्रीय सांस्कृतिक चेतना के रंगों से सराबोर हो गया। क्या वह आजादी के बाद भी यों ही बना रहा?

साहित्य समाज का दर्पण इस अर्थ में है कि महान-से-महान साहित्यकार चाहे कितना भी तटस्थ रहे उसकी रचनाओं में कहीं-न-कहीं राष्ट्रीय घटनाओं का स्पर्श रहता अवश्य है। यही कारण है कि आजादी मिलने के बाद की कविता में बदलाव आ गया और राष्ट्रीय विचारधारा को नया मोड़ दिया गया। आजादी मिलने तक हिन्दी के कवि स्वाधीनता पाने के गीत लिखते रहे, पर आजादी के बाद राष्ट्रीय स्तर पर सामाजिक अत्याचारों, स्वार्थ अन्याय आदि से बचने-बचाने के लिए युवा शक्ति का आह्वान करने लगे ताकि आजादी की रोशनी गाँव-गाँव और घर-घर पहुँच सके। वह चन्द्र लोगों की अट्टालिका में कैद न हो जाये।

हिन्दी कविता के पिछले तीन दशकों 1950 से 1980 तक की अवधि को काव्य विकास की दृष्टि से दो भागों में विभाजित किया जा सकता है। प्रथम भाग में 1960 तक की रचनाएँ और द्वितीय भाग में सन् 1960 के बाद की रचनाएँ शामिल की जा सकती हैं। दूसरे भाग को रचनाओं को साठोत्तरी काव्य कहा जाता है। इसके पूर्व हिन्दी कविता छायावाद, प्रगतिवाद और नकेनवाद की मंजिल पार करती हुई प्रयोगवादी भूमि पर खड़ी थी। परन्तु प्रयोगवाद की स्थिति भी स्पष्ट नहीं थी। इसलिए नयी कविता का विकास हुआ। इसका दृष्टिकोण व्यापक है। विश्वमानवता के प्रति पूर्ण सहानुभूति ही इसका पाथेय है। नयी कविता ने कवि को सामान्य से जोड़ दिया। नया कवि अपने आपको समाज से अलग और विशिष्ट नहीं समझता। उसकी कविता में सम्भवत: पहली बार लोकतान्त्रिक स्वर की अनुगूंज सुनायी पड़ती है। नयी कविता देशव्यापी आर्थिक संकट, बेरोजगारी, दहेज, जनसंख्या विस्फोट और भ्रष्टाचार आदि से मुक्ति के लिए छटपटाते हुए भारतीयों की विवशता और आक्रोश से परिचित है और राष्ट्रीय समस्याओं को विश्व स्तर पर देखने के उत्तरदायित्व का आह्वान करती है। सन् 1960 के पूर्व को रचनाओं में रामधारी सिंह 'दिनकर' की इतिहास के आँसू (1951), रश्मिरथी (1952), नीलकुसुम (1954) प्रमुख है। इस कोटि की रचनाओं में माखनलाल चतुर्वेदी की कृतियाँ माला (1951) समर्पण (1956) युगचरण (1956) वेणु लो गूँजे धरा (1960), जगन्नाथ प्रसाद मिलिद के बलिपथ के गीत (1950) भूमि की अनुभूति आदि प्रमुख हैं।

स्वच्छन्दतावाद

स्वच्छन्दतावाद एक व्यापक शब्द है और हिन्दी का छायावादी काव्य उसकी सम्पूर्ण व्याप्ति का प्रतिनिधित्व तब तक नहीं कर सकता, जब तक उसके सम्पूर्ण परिवेश को न समझ लिया जाये। केवल रूमानी प्रवृत्तियों के आधार पर उसे सम्पूर्ण स्वच्छन्दतावाद का प्रतिनिधि मान लेना उचित नहीं होगा। स्वच्छन्दतावाद की मूल प्रवृत्ति विद्रोह की ही कही जायेगी, चाहे वह आगे चलकर वैयक्तिक भूमियों पर क्यों न चली जाती हो। अपने आरम्भिक चरण में उसने जिस आजादी की माँग की, वह सब प्रकार के बन्धनों से मुक्ति का नारा था। इसलिए कुछ समीक्षकों ने सरलीकरण करते हुए उसे क्लासिकी की परम्परा से विद्रोह करने वाला आन्दोलन कह दिया। पर वास्तविक स्थिति यह है कि पश्चिम की स्वच्छन्दवादी विचारणा एक नयी जीवन-दृष्टि की तलाश का प्रयत्न है और क्लासिकी पद्धति का नियमबद्ध यान्त्रिक, अनुशासन उसे असह्य है। हिन्दी की छायावादी प्रवृत्तियों के पीछे यद्यपि भारत का उन्नीसवीं शती का नवजागरण विद्यमान है, किन्तु उसे किसी ऐसी व्यापक

क्रान्ति से सम्बद्ध करना कठिन होगा, जो आस-पास के भूखण्डों में भी प्रसारित रही हो। छायावाद की समानी प्रवृत्तियों मूलतः काव्य में अपनी सर्वोत्तम अभिव्यक्ति प्राप्त करती हैं, यद्यपि जयशंकर प्रसाद ने स्वच्छन्दतावादी नाटक और कहानियों की भी रचना की। आचार्य नन्ददुलारे वाजपेयी को स्वच्छन्दतावादी समीक्षक कहकर सम्बोधित किया गया है। आचार्य रामचन्द्र शुक्ल ने छायावाद को सच्चे स्वच्छन्दतावाद से अलग किया।

जयशंकर प्रसाद की 'लहर', निराला जी की 'कुकुरमुत्ता' और 'राम की शक्तिपूजा', पन्तजी के 'युगान्त' और 'चिदम्बरा', महादेवी वर्मा की 'दीपशिखा' आदि स्वच्छन्दतावादी रचनाओं में उल्लेखनीय हैं।

प्रगतिवाद

1936 से 1939 तक का समय आधुनिक भारतीय इतिहास में एक नये मोड़, एक नये परिवर्तन का द्योतक बना। इधर, पलायनवादी मनोवृत्ति से स्वयं छायावादी कवि भी उकता रहे थे और अपने छायावादी भावबोध का अतिक्रमण करना चाहते थे। पन्त के 'युगान्त' (1936) और निराला की 'अनामिका' (1938) में अनेक ऐसी रचनाएँ संकलित है। 1936 से 1939 तक का समय आधुनिक भारतीय इतिहास में एक नये मोड़, एक नये परिवर्तन का द्योतक बना। इधर पलायनवादी मनोवृत्ति से स्वयं छायावादी कवि भी उकता रहे थे और अपने छायावादी भावबोध का अतिक्रमण करना चाहते थे। पन्त के 'युगान्त' (1936) और निराला की 'अनामिका' (1938) में अनेक ऐसी रचनाएँ संकलित हैं। राजनीतिक समाजवादी विचारों का प्रचार करने वाला या साम्यवादी (समाजवादी) लक्ष्य की पूर्ति में योग देनेवाला साहित्य ही। प्रगतिवादी साहित्य है। प्रगतिवाद हमको स्वार्थपरायण व्यक्तित्ववाद से हटाकर समष्टिवाद की ओर ले गया है। उसने लेखकों को शय्यासेवी अकर्मण्य नहीं रखा है।" प्रगतिवाद के आलोचक आचार्य नन्ददुलारे वाजपेयी ने भी इसकी महत्ता स्वीकार की है—"साहित्य के सामाजिक लक्ष्यों और उद्देश्यों का विज्ञापन करनेवाली यह पद्धति साहित्य का बहुत-कुछ उपकार भी कर सकी है। उसने हमारे युवकों को एक नयी तेजस्विता भी प्रदान की है और एक नया आत्मबल भी मिला है। प्रगतिवादी काव्य में यथार्थ चित्रण होता है। सामाजिक जीवन का यथार्थ चित्रण और सामान्य प्राकृतिक परिवेश का चित्रण। सामाजिक यथार्थ के अन्तर्गत जनसमूह की आर्थिक विषमता और राजनीतिक चेतना का चित्रण है। प्रगतिवाद आधुनिक हिन्दी साहित्य की सशक्त विचारधारा है और प्रगतिवादी साहित्य हिन्दी साहित्य की अमूल्य निधि। प्रगतिवाद का दौर 1943 तक माना गया है।"

प्रसाद और प्रेम-पथिक

1913 में प्रेम पथिक का प्रकाशन हुआ है। 'प्रेम पथिक' का कथानक एक सार्वभौमिक दृष्टि पर आधारित है किसी के प्रेम में योगी होना और प्रकृति के निर्जन क्षेत्र में कुटी छाकर रहना एक ऐसी भावना है जो समान रूप से सब देशों के और श्रेणियों के स्त्री-पुरुषों के मर्म का स्पर्श स्वभावत: करती आ रही है।" कवि प्रसाद ने सरस भावनाओं की अभिव्यक्ति के लिए इस प्रचलित कथानक का आश्रय लिया। इस दृष्टि से प्रेम पथिक उनके कार्य की एक महत्त्वपूर्ण सीढ़ी है। सम्पूर्ण कथा संक्षेप में इस प्रकार है—

सन्ध्या की, हेमाभ तपन की किरणें जिसको छूती हैं
रंजित करती हैं देखो जिस नयी चमेली को मुद से
कौन जानता है कि उसे तम में जाकर छिपना होगा?
या फिर कोमल विधुकर उसको मीठी नींद सुला देगा।

प्रकृति के सम्पूर्ण यौवन पर विचार करने के पश्चात् पथिक सोचता है कि लीलामय की अद्‌भुत लीला किससे जानी जाती है? भविष्य जीवन का धुँधला पट कौन उठा सकता है? तभी वह सरिता के रम्य तटी में एक सुन्दर कुटिया देखता है। वन की समस्त प्रकृति उसका शृंगार कर रही थी। एक तापसी पद दलिता छाया-सी वहाँ बैठी थी। उसने पथिक से रजनी-भर विश्राम करने का अनुरोध किया और कहा कि यदि आत्मकथा मुझे सुनाने योग्य हो, तो वंचित न करना। सौम्य अतिथि को पाकर यह निशा सहज में बीतेगी। हाँ, प्रभात होते ही तुम अपने पथ पर लग जाओगे और दुखिनी यहीं ज्यों-की-त्यों रह जायेगी। तापसी ने पथिक से वन-वन भटकने का कारण पूछा। पथिक बोला 'छोटे-से स्वच्छ नगर में मेरी जन्मभूमि थी।' इसी के पश्चात् पथिक अपनी जन्मभूमि का वर्णन विस्तार से करता है। "कृषक समूह वहाँ सन्ध्या को ग्राम-गीत सुख से गाते थे। उस नगरी का नाम आनन्दनगर था। तटिनी के तट पर मैं पिता के साथ एक सुन्दर घर में रहता था। पास ही एक गृहस्थ सज्जन अपनी कन्या के साथ रहते थे। मेरे पिता की उनसे मैत्री थी। हम दोनों भी नित्य परस्पर खेला करते थे नदी कूल, कुसुम कुंज, उषा, सन्ध्या, खिली चाँदनी में एक ही डाल में लगे युगल कुसुम की भाँति हम फिरा करते थे। एक दिन अनायास ही मेरे पिता इस संसार से चल बसे।"

बालक-बालिका दोनों प्रणयांकुर की भाँति बढ़ रहे थे। सुख से ही संसार बना था। खेल-खेलकर हृदय की कली खुल गयी; उसमें मधुर मकरन्द भर आया। नवजीवन को वसन्त की सुखमय सन्ध्या घेर रही थी। प्रणय का खेल चल रहा था।

एक दिवस पुतली का फलदान हो गया और फिर विवाह। वह चली गयी और मैंने भी आनन्दनगर से विदा ली :

प्रेम पवित्र पदार्थ है। इस प्रकार प्रेम का महान् सन्देश देकर धीरे-धीरे स्वरलहरी-सी वह मूर्ति लोप हो गयी। कथा सुनते-सुनते तापसी बोली कि क्या तुम्हें अब भी उस पुतली, चमेली का ध्यान है? अन्त में पथिक ने उसे पहचान लिया। पुतली ने भी समस्त करुण कथा कह डाली कि उस विवाह में मुझे कभी एक क्षण स्नेह नहीं मिला। मेरे पति धन मद में डूबे थे। अन्त में मुझे वैधव्य मिला। ठोकरों ने यहाँ लाकर पटका है। अब तो करुणानिधि से प्रार्थना किया करती हूँ कि दुःखी-जनों को शान्ति दें। किशोर ने भी जीवन के कल्याण मार्ग में प्रत्येक पद आगे रखने के लिए कहा। वह कहने लगा कि अपना प्रेम परिमित न कर दो।

'प्रेम पथिक' में कवि ने प्रेम दर्शन की स्थापना की है। कवि एक ऐसे मानवीय धरातल पर पहुँच गया है, जहाँ संसार उसे सौन्दर्य का सुधासागर प्रतीत होता है। विश्व स्वयं ईश्वर है। किसी व्यक्ति में अपनी अभिलाषाओं को केन्द्रित कर देने से दुःख होता है। विश्व के अणु-अणु, कण-कण में सौन्दर्य है। हम उस सौन्दर्य-सुधासागर की एक बूँद मात्र हैं। प्रसाद ने जगत जीवन के बीच में जो समन्वय स्थापित किया है, उसमें दार्शनिक चिन्तन के साथ उनकी आन्तरिक अनुभूति का संयोग है।

प्रेम-पथिक के प्रेम-दर्शन और जीवन-सिद्धान्त में प्रसाद का विकास निहित है। 'प्रेम पथिक' में आकर कवि मानव को पूर्णरूप से स्वीकार कर लेता है। मानव ही उसका ईश्वर है। कवि अपने जीवन के अनुभव से जिस निष्कर्ष पर पहुँचता है, उसी का विकास निरन्तर होता चला गया। सच्चे प्रेम में ऐन्द्रियता नहीं होती। प्रेम जगत का चालक है। इस प्रेम में आदर्शवादिता अधिक है, स्वच्छन्दता कम।

इस छोटी-सी आख्यान-कविता से प्रसादजी ने दर्शन का प्रतिपादन किया है। शैवदर्शन, उपनिषद्, सूफी भावना आदि के प्रभाव से प्रेम पथिक के प्रेम में जो आदर्शवादिता आयी है, उसमें प्रसाद के हृदय की अपेक्षा उनका बुद्धिपक्ष अधिक प्रबल है। उसमें प्रेम की मांसलता नहीं, उसकी सात्विकता है। प्रेम-पाधिक हिन्दी साहित्य के लिए एक महत्त्वपूर्व रचना है।

कुमारनाशान और दुरवस्था

मलयालम के महाकवि कुमारनाशान का जन्म सन् 1872 ई. के आसपास केरल के चिरयिनकीष तहसील के कायिक्करा नामक गाँव में हुआ था। कुमारनाशान का मूल

नाम कुमारन था। आशान का मतलब होता है 'गुरु' कुमारन ने संस्कृत में पाण्डित्य प्राप्त करके जब लड़कों को पढ़ाने का काम शुरू किया तब से वह 'कुमारनाशान' नाम से प्रसिद्ध हुए। कुमारनाशान बंगलौर (बेगलुरु) और कलकत्ता (कोलकाता) जाकर संस्कृत का ज्ञान प्राप्त किया। कुमारन बचपन से ही कवि थे और उन्हें रोमांटिक कविता अपनी ओर खींचती थी। उनकी मुलाकात श्री नारायण गुरु से हुई। गुरु का प्रभाव आशान पर खूब पड़ा। कलकत्ते रहने के दौरान बंगाल के कई विद्वानों से उनका सान्निध्य हुआ। इसी दौरान उन पर रामकृष्ण परमहंस, विवेकानन्द आदि महापुरुषों का प्रभाव पड़ा। कीम और रवीन्द्रनाथ ठाकुर की रचनाओं से भी वे परिचित हुए। अध्ययन समाप्त कर कुमारनाशान अपने प्रदेश लौटे और अपने गुरु के संघ "श्री नारायण धर्मपरिपालन योगम्" (एस.एन.डी.पी.) के नियम पालन में रम गये। उनको चिन्न स्वामी (छोटा स्वामी) का नाम दिया गया। किन्तु अचानक उनका विवाह हो जाने पर लोगों में बड़ी खलबली मची। पर जब यह पता चला कि गुरु के आदेश से ही उन्होंने विवाह किया है, तब जाकर खलबली रुकी।

कुमारनाशान का साहित्य संसार बहुरंगी और बहुआयामी है। आरम्भिक काल में कुमारनाशान ने शंकरशतकम् सौन्दर्यलहरी (अनुवाद), विचित्र विजयम् (नाटक) आदि लिखे। उनकी प्रौढ़ कृतियों में प्रमुख वीगपूव् (गिरा फल), नलिनी, लीला, श्री बुद्ध चरितम्, बालरामायणम्, प्ररोदनम् चिन्ताविष्टायाया सीता, पुष्पवाटी, दुरवस्था, करुणा इत्यादि हैं। उन्होंने राजयोगम्, मन:शक्ति, मैत्रेयी आदि ग्रन्थों की भी रचना की। कुमारनाशान की कविताओं का फलक और आयाम बहुत विस्तृत है। उनकी कविताओं में रोमांटिक रचनाओं से लेकर सामाजिक रुझान वाली रचनाएँ भी शामिल हैं। उन्होंने आध्यात्मिक कविताएँ भी लिखी कविताओं के माध्यम से तत्त्व चिन्तन भी किया और आत्मगीत भी लिखे। उनकी कविताएँ रोमांटिक हों या आध्यात्मिक, सामाजिक हो या व्यक्तिगत सबमें एक बात समान मिलती है। वह यह है कि उनकी कविताएँ मनुष्य और उसकी पीड़ा से जुड़ी हुई हैं। यही विशेषता उनकी कविताओं को महान बनाती हैं। कवि ने निम्न वर्ग की चेतना को अभिव्यक्त करने की भरपूर कोशिश की। उन्होंने परम्परागत रूढ़ियों और जकड़ी हुई व्यवस्था को झकझोरने का प्रयास किया। इस प्रयास के क्रम में उन्होंने 'दुरवस्था' जैसे विद्रोही काव्य की रचना की।

जिन हाथों से ब्राह्मण की उत्पत्ति हुई है, उन्हीं हाथों से दलित की भी सृष्टि हुई है। कितनों ही का बाहुबल, कितनी मूर्तियाँ और स्नेह की कई निर्मल धाराओं को,

हे हिन्दू धर्म, तुमने जति भेद के कारण नष्ट कर डाले। कितने ही पेरुमाल (केरल के एक लोकप्रिय शासक) कितने ही तुंचन (रामायणकार महाअति) और कुंचन (एक अन्य महाकवि) इस क्रूर जाति भेद के कारण, हे केरल माता, तेरी कोख मैं नष्ट हो गये। झाड़ने पोंछने पर कान्ति व मूल्य परखने वाली है भारत माँ तेरे गर्भ में आज भी छह सात करोड़ रत्न कसौटी का स्पर्श न पाकर पड़े हुई हैं। हे देवी, तुम हमेशा रोती-बिलखती क्यों रहती हो, क्या तू इतनी दौन है? तुझे दुःख क्यों है? तू इतनी दरिद्र तो नहीं। एक झटके से तुम इस जाति-व्यवस्था को मिटा डालो, तभी तुम्हारा रत्नगर्भा नाम सार्थक होगा और तभी कामना मूर्तरूप ग्रहण कर सकेगी। कवि कहता है कि आज स्थिति बहुत विषम है, भयावह है। एक आदमी दूसरी आदमी को छू नहीं सकता, एक साथ चल नहीं सकता। इनकी दृष्टि भी कुछ लोगों के लिए अपशगुन का कारण होती है। शादी-ब्याह और खान-पान तो दूर की बात है। चारों और जाति पिशाच फैले हुए हैं। चारों वेद सिद्धान्तः तो जाति व्यवस्था का तिरस्कार करते हैं, पर व्यवहार रूप से बगुला रूपी पण्डित मानव-मानव में भेद करते हैं। ये लोगों के बीच खाई उत्पन्न करते हैं, लोगों को उकसाते है। कवि कहता है कि यह कितनी भट्टी स्थिति है है वेद, तू ही बता तुझमें यह परस्पर विरोध क्यों? तुम्हारी कथनी और करनी में अन्तर क्यों? कवि को लगता है कि स्वर्ग से धरती पर उतरी गंगा का भी इतना पतन नहीं हुआ, जितना ब्राह्मणों और उनके ग्रन्थों का हुआ है।

मलबार के तरनाडु प्रदेश में एक धार्मिक झगड़ा छिड़ा था। इस झगड़े के दौरान सावित्री नामक एक नंपूतिरि युवती बिल्कुल अनाथ हो गयी थी। जाति की दृष्टि से नंपूतिरियों को उस समाज में उच्च स्थान मिला था। नितान्त निस्सहाय होने की स्थिति में निम्न जाति (पुलय) के युवक चालन की झोपड़ी में उसने शरण ली। पातन ने उसके प्रति आदर प्रकट किया। कई दिन गुजर गये। सावित्री सोचने लगी कि निम्न जाति का आदमी व्यवहार से बहुत अच्छा है। जाति गौण है, मानवता ही मुख्य बात है। अनपढ़ चालन को सावित्री ने कई सावान बातें समझायी। अन्त में सावित्री ने चात्तन से शादी करने की इच्छा प्रकट की। चात्तन तब चौंक उठा। सावित्री ने तब बताया कि खतरे के क्षण में आपने मुझे बचाया था। अब पूरा जीवन आपके साथ रहने में कोई कलंक और अवरोध नहीं है। शरणदाता और शरणार्थी का वह रिश्ता दाम्पत्य में बदल गया। अग्निसाक्षी होकर सावित्री ने चन्दन का पाणिग्रहण किया।

'दुरवस्था' में समाज के पतन का मुख्य कारण जाति जन्य भेदभाव ही बताया गया है। कवि परिवर्तन के पक्षधर हैं जड़ आचारों को झकझोर देने का आह्वान इस

कृति में है। जाति के आधार पर बनाये दीवारों के बारे में कवि ने प्रारम्भ में अपने विचार प्रकट किये हैं। उद्धृत काव्यांश 'दुरवस्था' प्रारम्भिक भाग से है। जाति के पिशाचों को होम करके हटाने का सन्देश इस भाग से मिलता है।

राष्ट्रीय नवजागरण का उद्‌देश्य जनमन को जाग्रत करना था। रूढ़ियों से मुक्ति प्राप्त करने के लिए जनता को तैयार करना उसका ध्येय था। समाज के पिछड़ेपन के कारणों का विश्लेषण उस युग के कवि मनीषियों ने किया था। पूरे भारत में परिवर्तन का शंखनाथ बजाया गया था। मलयालम के महान कवि कुमारनाशान ने भी उस नैतिक दायित्व का निर्वाह किया था। दुरवस्था इसका ज्वलन्त उदाहरण है। उच्चकुलोद्‌भवा सावित्री और निम्नकुलोद्‌भवा चात्तन के दाम्पत्य का उदाहरण पेश कर कवि ने जाति व्यवस्था के खोखलेपन का वर्णन किया है। मानवता ही मुख्य बात है। जाति रूपी पिशाच नंगा नाच कर रहा है। इसलिए उसके कई दुष्परिणाम भी हमारे समाज में व्याप्त है। जाति को महत्त्व देने के कारण कई असंगतियाँ पैदा होती हैं। कई महात्माओं और मनीषियों के बारे में हम जान भी नहीं पाते हैं। भारत की सामाजिक सांस्कृतिक दार्शनिक दुरवस्था के कारणों पर सोचने वाले एक कवि के रूप में प्रतिपादित हुए हैं। हमें आगे बढ़ना है तो जाति भेद को भूलना होगा। जाति व्यवस्था को पकड़े रहने से राष्ट्र और समाज की अवनति ही होगी। कवि के ये विचार आज भी प्रासंगिक है।

यह स्पष्ट है कि कुमारनाशान ने इस कथा को एक विशेष उद्‌देश्य की पूर्ति के लिए लिखा है। इस कविता से आशान ने छुआछूत और जाति भेद को व्यर्थता का मर्मस्पर्शी चित्रण किया है। उनका उद्‌देश्य भी यही है। इस कविता के जरिये आशान ने पूरी सशक्तता के साथ यह सिद्ध किया है कि ब्राह्मण दलित के आधार पर बुद्धि और हृदय में भेद स्थापित नहीं किया जा सकता है। यह भेदभाव कृत्रिम है और इसे एक खास वर्ग ने अपनी सुविधा के लिए निर्मित किया है। यह वर्ग धर्म ग्रन्थों की मनमानी व्याख्या करता है और एक ही रास्ते से जन्मे दो व्यक्तियों में जाति के नाम पर फर्क पैदा करता है।

'दुरवस्था' से कवि दुःखी है, इसमें उसका आक्रोश व्यक्त हुआ है। पर वह निराश नहीं है। कवि का मानना है कि भविष्य में जाति-पाति का भेद मिट जायेगा। सावित्री की दुर्दशा का चित्रण इस रचना में बड़ी तन्मयता से खींचा गया है। अतः इसका 'दुरवस्था' नाम सटीक है। कवि ने यह भी दिखाया है कि सच्चे प्रेम में जाति-पाति, आचार विचार, रहन सहन आदि बाधा नहीं डाल सकते, बाधा डाली जाये तो भी अन्त में सच्चा प्रेम सफल होता है।

हिन्दी-मलयालम साहित्य : कहानी एवं उपन्यास

जब से मनुष्य ने कहना सीखा, तभी से कहानी का भी प्रारम्भ हो गया। विद्वानों के मतानुसार हिन्दी कहानी के उद्गम स्रोत को गुणाढ्य की 'वृहतकथा'; 'कथा सरित सागर', 'पंचतन्त्र कथाएँ', 'हितोपदेश', 'जातक कथाएँ' से जोड़ते हैं। वास्तव में अंग्रेजी और फिर बाँग्ला में विरचित कहानियों के अनुवाद द्वारा हिन्दी में कहानी लिखने की प्रेरणा मिली। उन्नीसवीं शताब्दी में अंग्रेजी, फ्रेंच, रूसी आदि भाषाओं में कहानी का अच्छा विकास हो चुका था।

हिन्दी कहानी का प्रारम्भ 'सरस्वती' के सन् 1900 में प्रकाशन से। होता है जिसमें 'इन्दुमती' प्रकाशित हुई थी। आचार्य शुक्ल हिन्दी कहानी का आरम्भ किशोरीलाल गोस्वामी को 'इन्दुमती' (1900 ई.) से मानते हैं। चन्द्रधर शर्मा 'गुलेरी' की तीन कहानियों—'उसने कहा था', 'सुखमय जीवन' और 'बुद्ध का काँटा'।

प्रमुख कहानीकार ये हैं :

जयशंकर प्रसाद ने हिन्दी कहानी जगत् को संग्रह दिये 'प्रतिध्वनि', 'छाया', 'इन्द्रजाल', 'आकाशदीप' मानवीय भावनाओं और आदर्श के इन्द्र का अंकन करने में प्रसाद जी की 'ममता', 'बिसाती', 'मधुआ', 'आँधी', 'पुरस्कार', 'आकाशदीप' आदि कहानियाँ हिन्दी की अमर कहानियाँ मानी जाती हैं।

हिन्दी के सबसे प्रमुख कहानीकार प्रेमचन्द ने अपने समय के सामाजिक यथार्थ को अपनी कहानियों में चित्रित किया है। राजनीतिक आन्दोलन, विदेशी सत्ता के साथ टकराहट, जमींदार महाजन, अधिकारी वर्ग आदि द्वारा शोषित किसान और मजदूर की छटपटाहट सामाजिक रीति-रिवाजों के दबाव में पीड़ित गरीब जनता, नारी को विविध संकटमय स्थितियों इत्यादि इनकी कहानियों के विषय है। इन विषमताओं तथा समस्याओं के यथार्थ को चित्रित करते हुए प्रेमचन्द प्रेम, करुणा, त्याग आदि उच्च आदर्शों पर आधारित समाधान की ओर कहानी को अग्रसर करते

हैं। प्रेमचन्द ने इसे 'आदर्शोन्मुख यथार्थवाद' कहा है। 'पूस की रात', 'शतरंज के खिलाड़ी', 'नमक का दरोगा', 'पंच परमेश्वर', 'मन्त्र', 'बड़े घर की बेटी', 'कफन', 'सद्गति', 'बड़े भाई साहब', 'ईदगाह', 'बूढ़ी काकी' आदि अनेक कहानियाँ हिन्दी कहानी साहित्य की अमूल्य निधि हैं।

विश्वम्भरनाथ शर्मा कौशिक की 'ताई', 'रक्षाबन्धन', 'माता का हृदय', 'कृतज्ञता' आदि कहानियाँ विशेष प्रसिद्ध हुई हैं। साधारण कोटि के मजदूर, किसान आदि पात्र तथा शहरी मध्यवर्ग के पात्र सुदर्शन की कहानियों में स्थान पाते हैं। संवेदनाओं का मार्मिक अंकन करती हैं। हार की जीत', 'अलबम', 'आशीर्वाद', 'न्याय मन्त्री' आदि उनकी प्रसिद्ध कहानियाँ हैं।

पाण्डेय बेचन शर्मा 'उग्र' ने अंग्रेजी सत्ता के विरुद्ध चल रहे क्रान्तिकारी संघर्ष को लेकर कुछ कहानियाँ लिखी हैं। 'उसकी माँ', 'देशभक्त' इस कोटि की प्रभावशाली कहानियाँ हैं।

मनोवैज्ञानिक कहानीकार जैनेन्द्र कुमार के 'पत्नी', 'खेल', 'चोर', 'माती', 'पाजेब', 'समाप्ति' आदि कहानियाँ हिन्दी कहानी साहित्य में विशिष्ट स्थान रखती हैं।

अज्ञेय की 'गैंग्रीन', 'कोठरी की बात', 'छोड़ा हुआ रास्ता', 'पगोड़ा वृक्ष', 'पुरुष का भाग्य' आदि कहानियाँ विख्यात हैं। 'विपथगा', 'शरणार्थी', 'परम्परा', 'अमरवल्लरी', 'कोठरी की बात' आदि आपके कहानी-संग्रह है।

इलाचन्द्र जोशी की 'चरणों की दासी', 'रोगी', 'परित्यक्ता', 'जारज', 'अनाश्रित', 'होली', 'रतिधन का अभिशाप', 'पतिव्रता या पिशाची', 'एकाकी' 'है', 'मेरी डायरी के दो नीरस पृष्ठ' जैसी कहानियों में मानसिक कुण्ठाओं, जीवन की अन्तर्बाह्य विसंगतियों, व्यक्ति की अहंवृत्ति की विभीषिका का चित्रण मिलता है।

यशपाल मार्क्सवादी विचारधारा को लेकर हिन्दी कहानी क्षेत्र में आये। उनकी विशेष चर्चित कहानियों में 'आदमी का बच्चा', 'परलोक', 'कर्मफल', 'पतिव्रता', 'प्रतिष्ठा का बोझ', 'ज्ञान-दान', 'धर्म-रक्षा', 'परदा', 'काला आदमी', 'चार आना', 'फूलों का कुरता', 'डिप्टी साहब' 'मक्रोल' 'परदा' आदि हैं। 'पिंजड़े की उड़ान', 'फूलों का कुर्ता', 'भस्वावृत चिनगारी', 'धर्मयुद्ध', 'सच बोलने की भूल' आदि आपके कहानी-संग्रह है।

उपेन्द्रनाथ 'अश्क' मार्क्सवादी दृष्टिकोण तथा मनोविश्लेषणपरक चरित्र-व्याख्या से समन्वित कहानी लिखने वाले हैं। उनकी प्रसिद्ध कहानियों में 'डाची', 'आकाश चारी', 'नासूर', 'अंकुर', 'खाली डिब्बा', 'एक उदासीन शाम' आदि हैं। भगवतीचरण वर्मा ने इतिहास, राजनीति, धर्म, सामाजिक जीवन, व्यक्ति-विशेष—

सब प्रकार के विषयों को लेकर कहानियाँ लिखी हैं। इनकी प्रसिद्ध कहानियाँ हैं—'प्रायश्चित्', 'मुगलों ने सल्तनत बख्श दी', 'बाँके', 'इनस्टालमेंट', 'कुँवर साहब का कुत्ता' आदि। प्रगतिवादी कथाकार के रूप में रांगेय राघव की प्रतिष्ठा है। इनकी 'गदल' हिन्दी कथा-जगत में प्रसिद्ध कहानी है।

स्वतन्त्रता के बाद हिन्दी कहानी के क्षेत्र में बड़े परिवर्तन हुए हैं। आधुनिक जीवन की विविध समस्याओं का यथार्थ चित्रण कहानी में हुआ है। शहरी जीवन की संकुलता में व्यक्ति का अकेलापन, उद्योगरत नारी के विविध पक्षीय सम्बन्ध और उनसे उत्पन्न होने वाली कठिनाइयाँ, शिक्षितों की निरुद्योग समस्या, राजनीतिक भ्रष्टाचार, परिवारों का विघटन आदि अनेक विषय इन कहानियों में वर्णित हैं।

इस समय के प्रसिद्ध कहानी लेखकों में मोहन राकेश, राजेन्द्र यादव, निर्मल वर्मा, कमलेश्वर, मार्कण्डेय, अमरकान्त, मन्नू भण्डारी, फणीश्वरनाथ 'रेणु', कमल जोशी, उषा प्रियंवदा, शिवप्रसाद सिंह, रघुवीर सहाय, रामकुमार भ्रमर, विजय चौहान, धर्मवीर भारती, भीष्म साहनी, लक्ष्मीनारायण लाल, हिमांशु जोशी, हरिशंकर परसाई, महापसिंह, श्रीकान्त वर्मा, कृष्ण बलदेव वैद, ज्ञानरंजन, सुरेश सिन्हा, गिरिराज किशोर, भीमसेन त्यागी, धर्मेन्द्र गुप्त, इब्राहीम शरीफ, विश्वेश्वर, महेन्द्र भल्ला, रवीन्द्र कालिया, काशीनाथ सिंह, प्रबोधकुमार, प्रयाग शुक्ल, गोविन्द मिश्र, विजयमोहन सिंह आदि मुख्य हैं।

नयी कहानी

सन् 1950-53 के आसपास 'नयी कहानी' नाम प्रचलित हुआ। वास्तव में 'नयी कहानी' एक आन्दोलन के रूप में सामने आयी। सामाजिक परिवेश में रहते हुए व्यक्ति द्वारा अनुभूत या पहचाने गये जीवन सत्य की अभिव्यक्ति ही 'नयी कहानी' है। इसीलिए ऐसी कहानी सीमित जीवन-खण्ड एवं कालांश में सीमित होते हुए भी उसमें अभिव्यक्त अनुभूति और जीवन सत्य के कारण असीमित हो जाती है। नयी कहानीकार जीवन के अन्दर और बाह्य में स्थित तनाव, इन्द्र और शासद स्थिति के प्रति पाठक को सजग करता है। यह उसका मुख्य ध्येय है। वह किसी आदर्श या मूल्य के निष्कर्ष पर जाना नहीं चाहता। कमलेश्वर की 'राजा निरबंसिया' सोहन राकेश की 'मलबे का मालिक' राजेन्द्र यादव की 'जहाँ लक्ष्मी कैद है', अमरकान्त की 'डिप्टी कलेक्टर' जैसी कहानियों में जीवनगत द्वन्द्व और मूल्य विघटन का यथार्थ मार्मिक रूप से अंकित है।

आज की कहानी में कृत्रिम मूल्यों से मुक्ति और मानवीय सहज संवेदना की झलक दिखाई देती है। फणीश्वरनाथ रेणु की 'तीसरी कसम', 'तुमरी', 'पान की बेगम'; 'रसपिरिया' शैलेश मटियानी की 'प्रेतमुक्ति', 'माता', 'भस्मासुर', 'दो सुखों का एक सुख'; शिवप्रसाद सिंह की 'नीच जात', 'धारा', 'मुरदा सराय', 'अँधेरा हंसता है', मार्कण्डेय की 'हँसाबाई', 'अकेला', 'भूदान' शेखर जोशी की 'दर्पण' राजेन्द्र अवस्थी की 'अमरबेल' लक्ष्मीनारायण लाल की 'माघ मेले का ठाकुर'; रामदरश मिश्र की 'एक औरत एक जिन्दगी' आदि इस वर्ग की कहानियों है। ग्रामीण जीवन की समस्याएँ, ग्रामीण परिवेश, वहाँ की बोली-बानी आदि की विशेषताएँ इन कहानियों को विशिष्ट बनाती हैं।

नगरीय परिवेश को केन्द्र बनाकर लिखी गयी कहानियों में निर्मल वर्मा का 'पूरा शहर में', 'अन्तर', 'परिन्दे', 'लवर्स', 'लन्दन की रात'; मोहन राकेश की 'वासना की छाया', 'काला रोजगार', 'मिस्टर भाटिया', 'मलबे का मालिक'; राजेन्द्र यादव की 'जहाँ लक्ष्मी कैद है, 'एक कमजोर लड़की की कहानी', 'टूटना'; कृष्ण बलदेव वेद की 'अजनबी', 'बीच का दरवाजा', 'भगवान के नाम सिफारिश की चिट्ठी'; मन्नू भण्डारी की 'वापसी', 'मछलियाँ', 'गीत का चुम्बन'; भीष्म साहनी की 'चीफ की दावत', 'खून का रिश्ता'; रघुवीर सहाय की 'प्रेमिका', 'मेरे और नंगी औरत के बीच', 'सेब'; रमेश बक्षी की 'आया गीत गा रही थी', 'अलग-अलग कोण' रामकुमार की 'लौ पर रही हथेली', 'सेलर'; श्रीकान्त वर्मा की 'शवयात्रा', 'दूसरे के पैर', महीप सिंह की 'काला बाप गोरा बाप' आदि में नगरबोध की अनुभूति प्रधान है। साठोत्तरी कहानी में 'समानान्तर कहानी', 'सचेतन कहानी', 'अकहानी' जैसे अनेक आन्दोलन चलाये गये जिनमें फ्रांस-जर्मनी में प्रचलित 'एक्टिविस्ट मूवमेंट' और 'एंटी-मूवमेंट' का प्रभाव भी परिलक्षित होता है। इन आन्दोलनों से कमलेश्वर, गंगाप्रसाद विमल, महीप सिंह, रवीन्द्र कालिया, ज्ञानरंजन, परेश आदि प्रत्यक्ष या अप्रत्यक्ष रूप से सम्बद्ध रहे हैं। 'नयी कहानी' के विकास से हिन्दी कहानी के विकास को नया बल और दिशा मिली। इसमें सन्देह नहीं होना चाहिए। हिन्दी कहानी को निरन्तर विकसित और आन्दोलनरत रखने में 'कहानी', 'नई कहानियाँ', 'कल्पना', 'सारिका', 'संचेतना', 'कहानियाँ' आदि कहानी पत्रिकाओं ने भी अपना-अपना योगदान दिया।

हिन्दी उपन्यास साहित्य

हिन्दी उपन्यास का वास्तविक और क्रमबद्ध विकास प्रेमचन्द के साहित्य में आगमन के बाद ही सम्भव हो सका। किन्तु हिन्दी उपन्यास को निजी स्वरूप और व्यक्तित्व

प्रदान करने में प्रेमचन्दजी ही आगे आते हैं। प्रेमचन्द ने अपने उपन्यासों में जिस कथ्य और शैली का प्रवर्तन किया। वह हिन्दी पाठकों के लिए अभिनव थी और उसके प्रति अनायास ही अमित उन्मुख आकर्षण भी उमड़ पड़ा। प्रेमचन्द जी ग्रामीण परिवेश में दरिद्रावस्था में पले-बढ़े अत: उन्होंने जीवन के अभावों और कटुताओं को निकट से देखा भोगा था। अभावों और गरीबी में रहकर भी उन्होंने अपनी शिक्षा बी.ए. तक पूरी की। स्कूल और सरकारी सेवा से जीवन की शुरुआत की और अंग्रेजी दमनचक्र के कई बार शिकार होने पर अन्तत: सेवा छोड़ने को विवश भी होना पड़ा। इनका असली नाम धनपतराय है, लेकिन अंग्रेजी सरकार की कोपदृष्टि से बचने के लिए ही इन्हें 'प्रेमचन्द' नाम से लेखन कार्य करना पड़ा। अपने लेखन की शुरुआत इन्होंने उर्दू से की। उर्दू में इन्होंने नवाबराय के नाम से लिखा। इनका 'सोजेवतन' नामक उर्दू में निकला कहानी संग्रह अंग्रेजी सरकार की आँखों में काँटे की तरह कसका भी। हिन्दी में ये बाद में आये लेकिन जब आये, तब कथा साहित्य में धूम मचा दी।

प्रेमचन्द के उपन्यासों को तीन श्रेणियों में विभाजित किया जा सकता है। पहली श्रेणी 'प्रतिज्ञा' और 'वरदान' दूसरी श्रेणी में 'सेवासदन', 'निर्मला' और 'गबन'। तीसरी श्रेणी में 'प्रेमाश्रम', 'रंगभूमि', 'कायाकल्प, 'कर्मभूमि' और 'गोदान'। 'सेवासदन' में दहेज-प्रथा, 'निर्मला' में वृद्धावस्था में दूसरे विवाह, शंका और अविश्वास के दुष्परिणाम और 'गबन' में आभूषण की लालसा और उसके दुष्परिणाम को दिखाया गया है। इन रचनाओं में लेखक को तीव्र पर्यवेक्षण शक्ति का बोध सर्वत्र होता है। उदाहरणार्थ, 'गबन' में भय की मनोवृत्ति का अच्छा चित्रण किया है। 'रंगभूमि', 'कायाकल्प' और 'कर्मभूमि' में भारत में उस समय चल रहे राजनीतिक आन्दोलन तथा गांधीजी के नेतृत्व में हो रहे समाज-सुधार की झलक मिलती है। 'रंगभूमि' में औद्योगिकीकरण के दुष्परिणाम का चित्रण है। गाँव के उजड़ने और किसानों के संकटों का वर्णन है। 'कायाकल्प' में हिन्दू-मुस्लिम एकता के लिए किये गये सफल यत्नों का चित्रण है। 'कर्मभूमि' में देशव्यापी सत्याग्रह आन्दोलन की कहानी है। 'प्रेमाश्रम' में जमींदारी प्रथा द्वारा कृषक जीवन के शोषण का मार्मिक चित्रण हुआ है। इन सब उपन्यासों में उस युग की सामाजिक, आर्थिक और राजनीतिक परिस्थितियों का प्रतिबिम्ब मिलता है। इनमें प्रेमचन्द सुधारवादी दिखाई पड़ते हैं। उपन्यास के माध्यम से समाज को सुधारने का यत्न इन रचनाओं में स्पष्टतया दिखाई पड़ता है। अतएव इनकी रचनाओं की मुख्य प्रवृत्ति को आदर्शोन्मुख यथार्थवादी कहा गया। किन्तु 'गोदान' तक आते-आते प्रेमचन्द की

आदर्शोन्मुखता समाप्त हो गयी। 'गोदान' प्रेमचन्द की सर्वाधिक लोकप्रिय कृति है। संसार की अनेक भाषाओं में इसका अनुवाद हुआ है। जमींदारों और सूदखोरों के द्वारा शोषित किसान अपने परिवार की प्रतिष्ठा को बनाये रखने के लिए किस प्रकार संघर्ष करता हुआ अपने जीवन की बलि दे देता है—इसका मार्मिक चित्रण इस उपन्यास में किया गया है। 'गोदान' को यदि हम प्रेमचन्दयुगीन भारत की प्रतिनिधि रचना कहें तो अत्युक्ति नहीं होगी।

जयशंकर प्रसाद ने 'कंकाल' और 'तितली' लिखकर उपन्यास क्षेत्र में भी अपना स्थान बना लिया है। 'इरावती' नाम से एक ऐतिहासिक उपन्यास भी लिखना शुरू किया था, जो दुर्भाग्य से इनकी मृत्यु के कारण अपूर्ण ही रह गया। विश्वम्भरनाथ शर्मा 'कौशिक' के 'भिखारिणी', 'माँ' और 'संघर्ष' प्रसिद्ध उपन्यास है।' 'अमर अभिलाषा', 'भागवन्ती' आदि सुदर्शन के अत्यन्त लोकप्रिय उपन्यास हैं।

वृन्दावनलाल वर्मा के 'रंग ले आते हैं', 'कभी न कभी' नाम के उपन्यास में दो मजदूरों के पारस्परिक मैत्री भाव का वर्णन है। 'अचल मेरा कोई', 'लगन', 'प्रेम की भेंट', 'संगम' में सामाजिक विषयों को उठाया गया है। 'झाँसी की रानी लक्ष्मीबाई' इनका प्रसिद्ध और लोकप्रिय उपन्यास है जिसमें सन् सत्तावन के गदर का बड़ा प्रामाणिक वर्णन है। 'चन्द हसीनों के खतूत', 'दिल्ली का दलाल', 'बुधुआ की बेटी', 'शराबी', 'जीजीजी', 'घण्टा', 'फागुन के दिन चार, आदि 'उग्र' जी के उपन्यास हैं।

हिन्दी उपन्यास साहित्य के विकास क्रम में लाला श्रीनिवासदास (परीक्षा गुरु) के बाद प्रेमचन्द का जो स्थान है, प्रेमचन्द के पश्चात् जैनेन्द्र जी का वही स्थान है। उपन्यास क्षेत्र में एक नयी शैली का सूत्रपात आपके ही द्वारा हुआ है। आपने तपोभूमि' (श्री ऋषभचरण के साथ) 'परख', 'सुनीता', 'सुखदा', 'त्यागपत्र', 'कल्याणी', 'मुक्तिबोध', 'विवर्त्त', 'व्यतीत', 'जयवर्धन', 'अनामस्वामी' आदि कई उपन्यास लिखे हैं। जैनेन्द्रजी हिन्दी के मनोवैज्ञानिक कथा-साहित्य के जन्मदाता हैं। प्रेमचन्द ने जैनेन्द्र को 'भारत का गोर्की' कहा है। 'त्यागपत्र' और 'सुनीता' आपके प्रमुख उपन्यास हैं। प्रेमचन्दोत्तर युग के उपन्यासकारों में भगवतीचरण वर्मा नामी है। 'तीन वर्ष', 'आखिरी दाँव', 'टेढ़े मेढ़े रास्ते', 'सामर्थ्य और सीमा', 'वह फिर नहीं आयी', 'सबहि नचावत राम गोसाईं', 'भूले बिसरे चित्र', 'रेखा', 'युवराज चूण्डा', 'प्रश्न और मरीचिका', 'सीधी सच्ची बातें', 'चाणक्य' आदि उनके प्रमुख उपन्यास हैं। 'प्रेमपथ', 'प्यासा', 'कर्मपथ', 'चलते चलते', 'निमन्त्रण',

'दो बहनें', 'परित्यक्ता', 'यथार्थ से आगे', 'गुप्तधन', 'विश्वास का बल', 'टूटी टी सेट' आदि भगवती प्रसाद वाजपेयी के प्रकाशित उपन्यास हैं।

यशपाल का नाम प्रगतिवादी और यथार्थवादी कथाकारों में सबसे पहले लिया जाता है। 'दादा कामरेड', 'देशद्रोही', 'मनुष्य के रूप', 'बारह घण्टे, 'झूठा सच' आदि उनके नामी उपन्यास है।

हिन्दी उपन्यास में जैनेन्द्र ने जिस मनोवैज्ञानिक धारा का प्रवर्तन किया और इलाचन्द्र जोशी ने प्रशस्त मार्ग पर चलाया, उसको अज्ञेय ने नया मोड़ दिया। 'शेखर: एक जीवनी', 'नदी के द्वीप' तथा 'अपने-अपने अजनबी' इनके प्रसिद्ध उपन्यास हैं।

हजारी प्रसाद द्विवेदीजी का ऐतिहासिक उपन्यास है 'बाणभट्ट की आत्मकथा'। 'चारु चन्द्रलेख', 'पुनर्नवा' और 'अनामदास का पोथा' इनके विशिष्ट उपन्यास हैं। जयशंकर प्रसाद के ही समान 'निराला' भी भारतीय संस्कृति के पोषक, बहुमुखी प्रतिभा से सम्पन्न, स्वतन्त्र चिन्तनशील साहित्यकार थे। 'अप्सरा', 'अलका', 'प्रभावती', 'निरूपमा', 'चोटी की पकड़' और 'बिल्लेसुर बकरिहा' इनके प्रसिद्ध उपन्यास है। इलाशचन्द्र जोशी के उपन्यासों में 'मुक्तिपथ', 'जिप्सी', 'संन्यासी', 'ऋतुचक्र', 'सुबह के भूले', 'जहाज का पंछी' आदि हैं। रांगेय राघव के 'घरौंदा', 'सीधा-सादा रास्ता', 'विषाद-मठ', 'हुजूर', 'काका', 'मुर्दों का टीला' आदि उपन्यास प्रसिद्ध हैं। 'कब तक पुकारूँ' इनका अत्यन्त प्रसिद्ध और लोकप्रिय उपन्यास है।

फणीश्वरनाथ रेणु ने हिन्दी उपन्यास के क्षेत्र में आंचलिकता का प्रवर्तन किया। इनका पहला उपन्यास है 'मैला आँचल' इनके। परती परिकथा', 'दीर्घतपा', 'जुलूस', 'चौराहे' उपन्यास भी नामी हैं। 'बूँद और समुद्र', 'अमृत और विष', 'सेठ बाँकेमल', 'नाच्यो बहुत गोपाल' आदि अमृतलाल नागर के उपन्यास में सामाजिक जीवन का चित्रण है

नागार्जुन की रचनाओं को आंचलिक उपन्यास के वर्ग में रख सकते हैं। मार्क्सवाद में इन्हें आस्था है। सामाजिक रूढ़ियों और पुरानी मान्यताओं का विरोध तथा सामाजिक समानता की स्थापना के लिए प्रेरणा इनके उपन्यासों में है। 'रतिनाथ की चाची', 'बलचनमा', 'नयी पौध', 'बाबा बटेसरनाथ', 'दु:खमोचन', 'वरुण के बेटे', 'कुम्भीपाक' आदि इनके प्रसिद्ध उपन्यास है।

उपेन्द्रनाथ अश्क के उपन्यासों में मध्यवर्गीय व्यक्ति की घुटन, बेबसी, यौनकुण्ठा आदि का चित्रण हुआ ही वर्तमान समाज की विकृतियाँ भी आयी हैं। 'सितारों के खेल', 'गिरती दीवारें', 'गर्म राख', 'बड़ी-बड़ी आँखें', 'पत्थर-अल-

पत्थर', 'शहर में घूमता हुआ आईना', 'बाँधो न नाव इस ठाँव' आदि इनकी विशिष्ट औपन्यासिक कृतियाँ हैं। 'अँधेरे बन्द कमरे', उनका सर्वाधिक चर्चित उपन्यास रहा। 'नीली रोशनी की बाँहें', 'न जाने वाला कल' इनके अन्य महत्त्वपूर्ण उपन्यास हैं।

भीष्म साहनी का मूल स्वर मानवतावाद है। देश विभाजन से उपजी हिन्दू-मुस्लिम साम्प्रदायिक समस्या को बड़े प्रभावी ढंग से इन्होंने अपने 'तमस' नामक उपन्यास में प्रस्तुत किया है। 'झरोखे', 'कड़ियाँ' इनके प्रारम्भिक उपन्यास हैं।

इनके अतिरिक्त भी अनेक प्रसिद्ध उपन्यासकार हैं जिनमें कमलेश्वर (सुबह दोपहर शाम), राजेन्द्र यादव (उखड़े हुए लोग), राजेन्द्र अवस्थी (जंगल के फूल), हिमांशु जोशी (अरण्य), आरगिपूडि (खरे खोटे), रामवृक्ष बेनीपुरी (पतितों के देश में), शिवप्रसाद सिंह (गली आगे मुड़ती है), अमृतराय (बीज), मार्कण्डेय (अग्नि बीज), रघुवीरशरण मित्र (राख और दुल्हन), भैरवप्रसाद गुप्त (सती मैया का चौरा), सर्वेश्वरदयाल सक्सेना (सोया हुआ जल), धर्मवीर भारती (गुनाहों का देवता), मोहनलाल महतो 'वियोगी' (महामन्त्री) आदि मुख्य हैं।

आधुनिक उपन्यास भारतीय जीवन के बदलते परिवेश, जनता को निर्माणात्मक चेतना, सामाजिक संघर्ष, व्यक्ति एवं परिवार के विभिन्न सम्बन्ध-विशेष तथा तनाव, समाज में दृष्टिगत होने वाली विघटनात्मक स्थितियाँ, भ्रष्टाचार, आर्थिक शोषण, नैतिक मूल्यों का परिवर्तन, परम्परा और रूढ़िवाद के प्रति विद्रोह, 'आधुनिकता' का आकर्षण, विभिन्न प्रकार के स्त्री-पुरुष सम्बन्ध, उद्योगरत नारी की समस्याएँ, तनाव भरे परिवारों में पलते हुए बालकों की मनोवैज्ञानिक स्थिति, निरीह जनता को धोखा देकर व्यक्तिगत स्वार्थ साधने वाले राजनीतिक नेताओं के हथकण्डे इत्यादि विविध विषयों का चित्रण इन उपन्यासों में मिलता है।

मन्नू भण्डारी का 'आपका बंटी'; उषा प्रियंवदा का 'पचपन खम्भे लाल दीवारें', 'शेष यात्रा', 'रुकोगी नहीं राधिका'; रमेश बक्षी का 'अठारह सूरज के पौधे'; महेन्द्र भल्ला का 'एक पति के नोट्स'; कमलेश्वर के 'एक सड़क, सत्तावन गलियाँ', 'डाक बंगला'; मोहन चोपड़ा का 'नीड़ के आगे'; बदीउज्जमाँ का 'एक चूहे की मौत' आदि अनेक उपन्यासों में उपर्युक्त समस्याओं का प्रभावपूर्ण चित्रण हुआ है। वर्तमान जीवन की विडम्बनाओं का पर्दाफाश करता उपन्यास श्रीलाल शुक्ल का 'राग दरबारी' है, जिसमें व्यंग्यात्मक शैली में आज के सरकारी तन्त्र में व्याप्त भ्रष्टाचार, समाज के विभिन्न वर्गों में दिखाई पड़ने वाला तनाव और बदलते जीवन-मूल्यों का प्रभावी अंकन हुआ है।

मलयालम का कहानी साहित्य

कथा कहने-सुनने की मानव की सहज-स्वाभाविक प्रवृत्ति अति प्राचीन काल से देखी जा सकती है। मानव-मन को रंजित एवं रसमग्न करने की क्षमता कथा को प्राप्त है। यही कारण है, वैदिक संस्कृत, संस्कृत, प्राकृत, पालि, अपभ्रंश भाषाओं की कौन कहे, वर्तमान भारतीय भाषाएँ भी अनवद्य कथा-सुमनों से सुवासित हैं। इस सुदीर्घ परम्परा में कथा के कथ्य एवं शिल्प में भारी परिवर्तन होते रहे। अति प्राचीन ग्रन्थ ऋग्वेद में पूर्ण कथाओं का भले ही अभाव हो, किन्तु उसके संवाद-सूक्तों में कथा-बीज छिपे पड़े हैं। उपनिषद्-साहित्य में कथा का रूप स्पष्ट है; गहन गम्भीर आध्यात्मिक तत्त्वों को सर्वजन सुलभ बनाने के उद्देश्य से कथाओं का सहारा लिया गया है। कालान्तर में महाभारत रामायण जैसी आख्यानात्मक एवं पौराणिक कथाओं की सृष्टि हुई, जहाँ मूलकथा के विकास में सहायक असंख्य प्रासंगिक या अवान्तर लघु कथाओं या कहानियों का समावेश हुआ है। संस्कृत-साहित्य में दो प्रकार की कथाएँ—मनोरंजक तथा नैतिक-बड़ी संख्या में रची गयीं। बृहद्कथा, कथासरितसागर, बैताल पंचशिशतिका, शुक सप्तति, सिंहासन द्वात्रिंशिका जैसी कथाएँ मनोरंजक एवं रसात्मक हैं तो पंचतन्त्र, हितोपदेश आदि में संगृहीत कथाएँ नैतिक एवं उदेश्यात्मक हैं। पालि की जातक कथाएँ, प्राकृत अपभ्रंश की कथाएँ कथा साहित्य के विकास के विविध सोपान मात्र है।

उन्नीसवीं शती के उत्तरार्द्ध तक मलयालम साहित्य में कहानियों का लगभग अभाव-सा रहा, क्योंकि तब तक मुख्यतया साहित्य में कविता का बोलबाला रहा। यह दूसरी बात है कि ईसाई मिशनरियों ने विद्यार्थियों को दृष्टि में रखकर छोटी-छोटी शिक्षाप्रद एवं नैतिक कहानियों की रचना की थी। किन्तु वास्तविक अर्थ में 'कहानी' कहने लायक मलयालम की पहली रचना सम्भवत: सन् 1894 ई. में रचित हुई, जिसके लेखक मूर्कोतु कुमारन् (1874–1941) थे। वे एक लब्ध प्रतिष्ठ लेखक थे। जिन्होंने साहित्य की अन्य विधाओं के जैसे कहानी क्षेत्र में भी प्रशंसनीय कार्य किया। उनकी सौ से अधिक कहानियाँ दीपम् (मासिकी, मलयालम मनोरमा, भाषा पोषिणी जैसी पत्रिकाओं में प्रकाशित होती रहीं। उनकी 'दादा की कहानियाँ' मुत्तशंटे कथकल्') सरलता एवं मधुरता की दृष्टि से अपना विशेष महत्त्व रखती हैं।

मलयालम कहानी-साहित्य के इस उषा-काल के अन्य सशक्त हस्ताक्षर थे वेङङयिल कुञ्ञिरामन् नायनार, ओटुविल कुंञ्जिकृष्ण मेनोन, अम्पाटि नारायण पुतुवाल् ई.वी. कृष्णपिल्लै, मलबार सुकुमारन आदि। उनकी कहानियाँ मुख्यत:

घटना प्रधान हास्य-व्यंग्य प्रधान थीं। पुतुवाल को अधिकतर कहानियाँ केरल की प्राचीन दन्तकथाओं, लोककथाओं पर आधारित तथा प्रधान थी। मलयालम साहित्य में अपने हास्य-लेखन के लिए प्रसिद्ध ई.वी. कृष्णपिल्लै ने पचास से अधिक कहानियाँ लिखीं। उनके जैसे हास्य-व्यंग्य को महत्त्व देकर कहानियों की रचना करके प्रसिद्धि प्राप्त करने वाले दूसरे साहित्यकार हैं मलबार सुकुमारन (के. सुकुमारन्) जिनकी कहानियों आबाल वृद्ध जनता को समान रूप से रंजित करने में सक्षम थीं। सुकुमार कथामंजरी आठ भागों में उनको कहानियाँ संगृहीत हैं। घटनाओं को अधिक महत्त्व न देने पर भी उनकी कहानियाँ हमें रसमरत करती हैं। उनकी 'हाथी का शिकार' जैसी कहानियों में वर्णनात्मकता अधिक है और श्रृंगार की भावना उभर आती है।

प्रारम्भ कालीन वे कहानियाँ घटना प्रधान, वर्णनात्मक एवं चमत्कार-पूर्ण थीं। दन्तकथाओं, लोककथाओं, वीरकृत्यों, सामाजिक प्रथाओं पर आधृत वे कहानियाँ भले ही हमें रसमरन करें, फिर भी उनमें शिल्प-सौन्दर्य का एक प्रकार से अभाव रहा। वे मनोरंजक मात्र थीं, यथार्थ जीवन से विमुख कल्पनाश्रित थीं। अत: वास्तविक अर्थ में आधुनिक कहानी की संज्ञा प्राप्त करने योग्य कहानियों का श्रीगणेश लगभग सन् 1930 के आसपास हुआ।

केरल के साहित्येतिहास में यह एक स्वर्णिम अरुणोदय का समय था, जबकि सी.वी. रामन पिल्ले और चंतु मेनोन (उपन्यासकार), ए. आर. राजराज वर्मा, कुमारनाशान, वल्लत्तोल नारायण मेनोन, उल्लूर एस. परमेश्वर अय्यर (महाकवि) जैसे प्रतिभाशाली साहित्यकारों का आविर्भाव कैरली के लिए अत्यन्त वरदान सिद्ध हुआ। यह कैरली का नव वसन्त था और यह समय सन् 1925 तक जारी रहा। इस बीच अंग्रेजी शिक्षा-दीक्षा के प्रचार-प्रसार के कारण केरलीय जनता पाश्चात्य सम्पर्क में आ सकी और अंग्रेजों, रूसी, फ्रांसीसी भाषाओं से कई श्रेष्ठ ग्रन्थों का मलयालम में अनुवाद भी हुआ। सन् 1936 में लखनऊ में प्रगतिशील लेखक-सम्मेलन हुआ और अगले वर्ष केरल के तृश्शूर में केरलीय जोवत्-साहित्य सम्मेलन हुआ जिसका आदर्श था 'साहित्यकार सामाजिक, राजनीतिक और आर्थिक परिवर्तन को लाने के उद्देश्य से साहित्य का निर्माण करें।' इस आदर्श का साहित्यकारों पर पर्याप्त प्रभाव पड़ा और जीवत् साहित्य की पुकार मच गयी।

सन् 1928 के आसपास से वी. टी. भट्टतिरिप्पाट्, मुतिरिंगाडु आदि यथार्थवादी कहानियों की ओर अपना लगाव दिखाने लगे थे। इन दोनों ने नंपूतिरी परिवारों में पर्दे के भीतर यातनाएँ भोगती ललनाओं की आहें सुनीं और मार्मिकता के साथ उन

ललनाओं के कारुणिक जीवन को कहानी के रूप में प्रस्तुत किया। समाज में अब तक उपेक्षित दलित पीड़ित, मन्दित मानवता, उसकी यातना, विवशता, आर्थिक परतन्त्रता, शोषक वर्ग और उसके निर्मम व्यवहार, सुख-लोलुपता आदि को महत्त्व देते हुए कहानियाँ लिखी जाने लगीं। पोन्कुन्नम् वर्की, तकषि शिवशंकर पिल्लै, पी. केशवदेव, एस.के. पोट्टक्काट आदि की कहानियाँ इसी समाजवादी यथार्थवाद को लेकर लिखी गयी हैं। पोन्कुन्नम् वर्कों ने आर्थिक कठिनाइयों की चक्की में पिसती मानवता की आहें सुनीं, युद्ध की आड़ में रहकर काला बाजार करने वाले व्यापारी, घूसखोरी पर मौज उठाते नीति-न्याय के ठेकेदार, धर्म का नाम लेकर भ्रष्टाचार फैलाते पादरी सब को देखा परखा और उन सबका वास्तविक चित्रण किया और सामाजिक खोखलेपन का पर्दाफाश किया। सामाजिक कहानियों के समान उनकी राजनीतिक कहानियाँ भी इतनी सशक्त एवं प्रभावकारी रही कि अधिकारी वर्ग काँप उठने लगा। वर्की सच्चे अर्थ में श्रमिक वर्ग की जबान हैं और श्रमिक वर्ग की कहानियों में वे स्वयं श्रमिक बन जाते हैं। प्रगतिवादी साहित्य के जन्म के पूर्व ही प्रगतिवादी विचारधारा को जीवन और जिल्हा प्रदान करने वाले पी. केशव देव अपनी कहानियों में एक सशक्त क्रान्तिकारी के रूप में हमारे सामने आते हैं। वे भयंकर ज्वालामुखी एवं शक्ति केन्द्र हैं। उनकी कहानियाँ एक विक्षुब्ध सागर की प्रतीति कराती हैं। उनके पात्र हमारे पड़ोसी चिर परिचित मनुष्य हैं, जो सामाजिक विषमता एवं अनैतिकता के कारण सब प्रकार की यातनाएँ भोग रहे हैं। केशवदेव ने श्रमिक वर्ग को उसके अधिकारों के लिए लड़ने को प्रोत्साहित किया। वर्तमान समाज के प्रति असन्तोष एवं आक्रोश की भावना उनकी कहानियों में स्पष्ट है। उनके अपने शब्दों में 'समाज चोरों, लुटेरों, लफंगों, व्यभिचारियों को उत्पन्न करने वाली एक फैक्टरी है।' सामाजिक वैषम्य, अत्याचारों एवं भ्रष्टाचार की दीवारों को तोड़कर एक भव्य नव समाज के निर्माण की मंगलाशा उनकी कहानियों में प्रतिबिम्बित है। कृषि शिवशंकर पिल्ले एक सशक्त कथाकार हैं। मध्य केरल के कुट्टनाडु के श्रमिक वर्गों के बीच जन्मे-पले तकषि वहाँ के श्रमजीवियों की समस्याओं को लेकर कहानियाँ लिखते हैं। परम्परा एवं रीति-नीति को तोड़कर फेंकने का साहस रखने वाले तकषि एक समाज सुधारक का आदर्श सामने रखकर भ्रष्टाचार को खोलकर दिखाते हैं। उनकी कहानियों में श्रमिकों की चेतना एवं वर्ग संघर्ष को स्थान मिला है। एक कहानीकार की हैसियत से वे मोपांसा और टाल्स्टाय का स्मरण दिलाते हैं। उनमें भावदीप्ति है और उस भावदीप्ति के अनुरूप वातावरण के निर्माण में उनकी सामर्थ्य प्रशंसनीय है। वेट्टूर रामन नायर की कहानियाँ मध्यवर्गीय जनता के पारस्परिक संघर्ष, स्पर्धा,

ईर्ष्या तथा उच्च वर्गीय जनता की कुलीनता के दम्भ का दस्तावेज हैं। यथार्थवादी परम्परा के कहानीकारों में वैक्कम मुहम्मद बशीर, पोंजिक्करा शफी, नागवल्ली आर.एस. कुरुप आदि की देन अविस्मरणीय है।

एस.के. पोट्टक्का, कारूर नीलकण्ठ पिल्लै, ई. एम. कोवूर आदि का कथा-शिल्प कुछ अलग ढंग का हैं। पोट्टक्काट ने अपनी यात्राओं के द्वारा जीवन के वैविध्यों को देखा और विश्वभर के स्त्री-पुरुषों को कहानियों के माध्यम से हमारे सम्मुख प्रस्तुत किया। वे मूलतः रोमांटिक साहित्यकार हैं और प्रेम की सात्विकता दर्शाने के लोभ में वे यथार्थ या वास्तविकता को बहुधा तिलांजलि दे बैठते हैं। वे साधारण बातों को भी अत्यधिक महत्त्व देने वाले कहानीकार है।

पी.सी. कुट्टिकृष्णन् (उरूब), टाटापुरम सुकुमारन् और ललिताम्बिका अंतर्ज्जनम अपने-अपने क्षेत्र के सशक्त हस्ताक्षर हैं। उनके पात्र अपने निजी व्यक्तित्व को लेकर आते हैं। पोट्टकाट कथा-निर्माण के लिए आवश्यकता से अधिक रंग भरते तो तकषि एक कृपण कलाकार के जैसे बहुत कम रंग भरते हैं; पर पी.सी. एक कुशल चित्रकार बनकर उचित स्थान पर उचित रंग भरकर अपपी कहानी विस्व की पूर्ति करते हैं। केरलीय नारी जाति को उजागर करने में वे अत्यन्त जागरूक हैं। ललिताम्बिका अन्तर्ज्जनम् मातृत्व को प्रतिभूति है, किन्तु नंपूतिरी परिवार में जन्मी तथा पर्व की केन्द्र में पी इस नारी ने घर के भीतर दम घुटती असहाय एवं विवश जीवन जीती नारी की स्वतन्त्रता एवं मुक्ति के लिए आवाज उठायी और उसकी दीनता, हीनता, कण्ठित आशा-अभिलाषा को बड़ी सशक्त एवं प्रभावकारी शैली में जनता के सामने प्रस्तुत किया। टाटापुरम् सुकुमारन् मलयालम कहानी-लेखकों में एक सशक्त हस्ताक्षर हैं। उनकी दर्जनों कहानियाँ प्रकाशित हुईं परिस्थितियों, वातावरण के चयन की दृष्टि से विशेष महत्त्व की हैं। सामाजिक भ्रष्टाचारों और जटिल समस्याओं की चक्की में पिसती मानवता का वे सजीव चित्र उतारते हैं। नैतिकता की ओर उनका विशेष आग्रह परिलक्षित होता है। वैसे ही मलयालम कहानी साहित्य की श्रीवृद्धि में माद्दूर रामकृष्णन्, पारप्पुरम सी. राधाकृष्णन जैसी प्रतिभाओं का योगदान भी अविस्मरणीय है।

नयी दिशा में मोड़ लेने का स्तुत्य कार्य एम.टी. वासुदेवन नायर, टी. पद्मनाभन तथा माधविकुट्टि ने किया। ये तीनों उन्मुखी कहानीकार है और व्यक्ति मन का वैज्ञानिक एवं विश्लेषणात्मक अध्ययन उन्हें प्रिय हैं। मलबार प्रदेश के पतनोन्मुख तथा अपने अस्तित्व के लिए संघर्षशील नायर-परिवारों को विषय बनाकर एम. टी. वासुदेवन नायर ने अधिकतर कहानियों की रचना की है। पद्मनाभन भारतीय

स्वतन्त्रता आन्दोलन, स्वतन्त्रता प्राप्ति, साम्प्रदायिक विद्रोह और उसके उपरान्त की जटिल समस्याओं को लेकर कहानी क्षेत्र में उतर पड़े।

माधवि कुट्टि की कथावस्तु का आधार शहरी जीवन हैं। बड़े-बड़े शहरों में बिछुड़े एकांकी जीवन बिताने वाले व्यक्ति—मानवों, स्त्री-पुरुष सम्बन्धों और नाना परिस्थितियों से टकराकर मानव की मन:स्थितियों का विश्लेषण उनकी खूबियाँ हैं। केरलीय जन-जीवन से अलग रहकर विश्व मानव तथा विभिन्न अवस्थाओं के स्त्री-पुरुषों की चित्तवृत्तियों का विश्लेषण उनकी कथा को बिलकुल नूतन परिवेश प्रदान करता है। पी.ए. मुहम्मद, एन.पी. मुहम्मद और वी.पी. मुहम्मद ने मुस्लिम परिवार, उसमें प्रचलित निरर्थक एवं खोखली मान्यताओं, दुराचारों का वास्तविक चित्रण अंकित करके उस परिवार के उद्धार और उन्नयन के लिए प्रयत्न किया है।

गोविन्दन, जयदेवन, पट्टत्तुविला करुणाकरन, विनयन, सेतु, उण्णिकृष्णन पुत्तूर, तुलसी, वत्सला, विवेकानन्दन आदि ने कथा साहित्य के विकास में अपना योगदान दिया है। चिन्तक एवं कवि होने के कारण गोविन्दत्त की कहानियों में दार्शनिक चिन्तन एवं गहराई है। करुणाकरन का क्षेत्र अलग है, वे बुद्धिजीवी वर्ग से सम्बन्धित कहानियाँ लिखा करते हैं। स्त्री-पुरुष के मोह भंग, कुण्ठा एवं सन्त्रास का चित्रण उनका लक्ष्य हैं। नन्तनार एवं कोविलन के समान विनयन ने भी सैनिक जीवन को अपना कथानक बनाया है। जी. विवेकानन्दन एक उदीयमान तरुण कहानीकार हैं, जिन्होंने बड़ी संख्या में कहानियाँ लिखी हैं और उनकी कहानियों में घटनाएँ बड़ी सन्तुलित एवं आकर्षक होती हैं। उण्णिकृष्णन पुत्तूर पर फायड के काम सिद्धान्त का प्रभाव स्पष्ट है। उनकी कहानियाँ मार्मिक हैं, किन्तु अधिकतर पात्र काम-कुण्ठा के दास हैं।

नये कहानीकारों में एन.पी. नारायण पिल्ले, काक्कनाटन, ओ.वी. विजयन, एम. मुकुन्दन, मोहनन् आदि के नाम विशेष रूप से लिये जाते हैं। इनमें से एकाध कहानीकारों ने अवश्य ही प्रभावकारी कुछ कहानियाँ लिखी हैं जैसे : काक्कनाटन की 'अश्वत्थामा की हँसी'; सेतु की 'कुंजब्दुल्ला हाजी ओ. वी. विजयन की 'मकड़ी' आदि। जीवन के प्रति अनिश्चयात्मकता, दिशाहीनता, शब्दों का मनमाना या स्वच्छन्द प्रयोग, नये संकेतों, प्रतीकों को ढूँढ़ने के नाम पर भटकाव, सब इन कहानियों की विशेषताएँ हैं।

हमारे नये साहित्यकार सामाजिक दायित्व को पहचान कर जीवन के लिए प्रेरणादायक कहानियों की रचना में अपनी क्षमता एवं सामर्थ्य प्रदर्शित करेंगे।

मलयालम का उपन्यास साहित्य

आधुनिक साहित्य की सर्वाधिक लोकप्रिय विधा है उपन्यास। मलयालम में उपन्यास-लेखन की शुरुआत उन्नीसवीं शताब्दी के अन्तिम चरण में अंग्रेजी उपन्यासों के अनुकरण पर हुई। मलयालम के प्रथम उपन्यास के सम्बन्ध में मतभेद है। कुछ विद्वान् आर्च डीकन कोशी का लिखा, 'पुल्लेलि कुंजू' (1882) को प्रथम उपन्यास मानते हैं, तो कुछ अप्पु नेदुङ्ङाटी के 'कुन्तलता' (1887) को इसका श्रेय देते हैं। लेकिन उपन्यास-कला की कसौटी पर 'पुल्लेलि कुंजू' पूर्णतः खरा नहीं उतरता और 'कुन्तलता' पर शेक्सपीयर के 'सिंबलिन' नाटक का छायानुवाद होने का आरोप लगा हुआ है। इस दृष्टि से सन् 1889 में प्रकाशित 'इन्दुलेखा' को मलयालम का पहला लक्षणयुक्त उपन्यास मानने में कोई आपत्ति नहीं। इस उपन्यास के लेखक ओ. चतुमेनोन हैं। 'इन्दुलेखा' के महत्त्व के कारण ही चन्तुमेनोन को मलयालम-उपन्यास का आरम्भकर्ता मान सकते हैं। मेनोन मलयालम-उपन्यास में यथार्थवाद के आरम्भकर्ता भी हैं। 'इन्दुलेखा' में केरल की दो प्रमुख जातियों नायर और नंपूतिरि के बीच वर्तमान अन्धविश्वासों और अनाचारों को पूरी सच्चाई के साथ प्रस्तुत किया गया है और उनके निराकरण में बड़ी सहायता भी प्रदान की गयी है। इस उपन्यास में रूढ़िवादिता और नवीनता के संघर्ष का भी कलात्मक ढंग से चित्रण हुआ है। मेनोन का दूसरा उपन्यास है 'शारदा' जो अधूरा है।

सी.वी. रामन पिल्लै के आगमन से मलयालम-उपन्यास की भावभूमि में कुछ परिवर्तन दिखाई देने लगा। पिल्लै ने अपने उपन्यासों के लिए राजनीतिक इतिहास को आधार बनाया। ऐतिहासिक उपन्यासकार के रूप में पिल्लै को ख्याति प्राप्त है। पिल्लै के प्रमुख उपन्यास हैं—'मार्तण्ड वर्मा' (1883), 'धर्मराजा' (1913), 'प्रेमामृत' (1915) तथा 'रामराज बहादुर' (1917)। अपने ऐतिहासिक उपन्यास के लिए पिल्लै ने कल्पना का बहुत-कुछ सहारा लिया। लेकिन कल्पित घटनाएँ इतनी स्वाभाविक तथा पात्र इतने सजीव हैं कि इनको कल्पित मानना असम्भव हो जाता है।

रामन पिल्लै (1858-1917) के अनुकरण पर इतिहास को आधार बनाकर उपन्यास लिखने वाले और भी लेखक हुए हैं। अप्पन तम्पुरान (भूतरायर), टी.सी. रामन नंबीशन (केरलेश्वरन), सरदार के एम. पणिक्कर ('केरल सिंह', 'कल्याणमल', 'पुणरकोट्टुस्वरूपम्') आदि प्रमुख ऐतिहासिक उपन्यासकार हैं। चन्तु मेनोन तथा रामन पिल्लै के बाद कुछ समय के लिए मलयालम उपन्यास के क्षेत्र में एक प्रकार का गतिरोध महसूस हुआ था, परन्तु प्रथम विश्वयुद्ध के बाद देश

की सामाजिक तथा राजनीतिक स्थिति में जो परिवर्तन आये, उनका प्रभाव तत्कालीन साहित्य पर, खासकर कथा-साहित्य पर भी पड़ा। लेखकों की दृष्टि कल्पना-लोक से उतरकर सामान्य जनजीवन की जटिल समस्याओं पर पड़ने लगी। सन् 1930 तक आते-आते साम्यवादी दर्शन का प्रचार भी भारत में होने लगा था। लेखकों पर एक ओर इसका प्रभाव पड़ा तो दूसरी ओर गांधीवादी जीवन-दर्शन तथा स्वतन्त्रता-आन्दोलन का। इन सबकी अनुगूँज मलयालम कथा-साहित्य में स्पष्टतः परिलक्षित है। इस पीढ़ी के उपन्यासकारों में तकषि शिवशंकर पिल्लै, पी. केशव देव, वैक्कम मुहम्मद बशीर, एस.के. पोट्टक्काटु आदि प्रमुख हैं।

प्रगतिशील उपन्यासकारों में तकषि शिवशंकर पिल्लै सबसे प्रमुख हैं। आप सामाजिक जीवन के निम्न स्तर के लोगों के सशक्त प्रवक्ता हैं। उन लोगों के जीवन की यातनाओं तथा यन्त्रणाओं को पूरी सच्चाई के साथ वाणी देने में तकषि पूर्णतः सफल हुए हैं। तकषि का बहुचर्चित उपन्यास है 'चेम्मीन' जिसका अनुवाद संसार की विविध भाषाओं में हुआ है। इस उपन्यास में उन्होंने मछुवारों की जिन्दगी को शब्दबद्ध किया है। इसके अतिरिक्त 'रण्डिटंगषी', 'तोट्टियूटे मकन', 'एणिप्पटिकल', 'कयर', 'बलूण', 'तेंटिवर्गम्' आदि उनके अन्य प्रमुख उपन्यास हैं। तकषि ज्ञानपीठ पुरस्कार से भी सम्मानित हैं।

पी. केशवदेव भी तकषि के समान यथार्थवादी उपन्यासकार हैं। इन्होंने भी दलित-पीड़ित जनता को अपनी रचनाओं में महत्त्वपूर्ण स्थान दिया। देव का प्रमुख उपन्यास है—'ओटयिल निन्नु' जो एक रिक्शा वाले के जीवन की समस्याओं तथा विसंगतियों को हमारे सामने प्रस्तुत करता है। 'भ्रान्तालयम्', 'अयलक्कार', 'नटी' आदि देव के अन्य महत्त्वपूर्ण उपन्यास हैं।

पहले पहल मुस्लिम सामाजिक जीवन को साहित्यिक अभिव्यक्ति प्रदान करने का श्रेय वैक्कम मुहम्मद बशीर को प्राप्त है। कथानक एवं शैली की नवीनता से बशीर ने मलयालम उपन्यास को नया रूप प्रदान किया। इनकी भाषा-शैली में किसी भी प्रकार की दुरूहता या कृत्रिमता ढूँढ़ने पर भी नहीं मिलती। बशीर के प्रमुख उपन्यास हैं—'बाल्यकाल सखी', 'न्टुप्पूप्पाकोरानेण्डर्न्नु', 'पात्तुम्मयुटे आटु', 'मतिलुकल' आदि।

जनसाधारण तथा ग्रामीणों के जीवन से सम्बद्ध उपन्यास लिखने वाले हैं—एस.के. पोट्टक्काटु। आप ज्ञानपीठ पुरस्कार से सम्मानित हैं। आपके उपन्यासों में स्वच्छन्दतावाद तथा यथार्थवाद का अपूर्व संयोग देखने को मिलता है।

'विषकन्यका', 'ओरु तेरुविन्टे कथा', 'ओरु देशत्तिंटे कथा' आदि पोट्टक्काटु के प्रमुख उपन्यास हैं।

इसी पीढ़ी के पी.सी. कुट्टिक्कृष्णन, चेरुकाटु आदि उपन्यासकारों की रचनाओं का भी महत्त्व है। पी.सी. कुट्टिक्कृष्णन का उपनाम है 'उरूब'। उरूब ने अपने उपन्यासों के लिए मलबार के मुस्लिम परिवार के जीवन को विषय बनाया। 'उम्माच्चु', 'सुंदरिकलुम सुंदरनमारुम', 'आमिना' आदि इनके प्रमुख उपन्यास हैं। चेरुकाटु ने पूर्णतः साम्यवादी दृष्टिकोण को अपनाते हुए रचनाएँ कीं। आपकी रचनाएँ क्रान्तिकारी चेतना से संपृक्त हैं। मिट्टी से जूझने वाले किसानों तथा खेतिहर मजदूरों की दर्दभरी जिन्दगी को चेरुकाटु ने अपने उपन्यासों के लिए विषय बनाया। 'मन्निंटे मारिल', 'शनिदशा', 'मरुमकल', 'मुत्तश्शि' आदि चेरुकाट के चर्चित उपन्यास हैं।

प्रगतिशील उपन्यासकारों की पीढ़ी के उपरान्त साठवें दशक के उत्तरार्द्ध तक आते-आते मलयालम उपन्यास के क्षेत्र में अनेक नयी प्रवृत्तियाँ उभर आयीं। व्यक्ति की व्यथाएँ, आन्तरिक संघर्ष, मोह और मोह-भंग, सामाजिक व्यंग्य, मृत्युबोध, सन्त्रास, गृहातुरता, मध्यवर्गीय जीवन की विसंगतियाँ, महिलाओं की समस्याएँ, सैनिक जीवन की समस्याएँ आदि उपन्यास के लिए विषय-वस्तु बन गयीं।

एम.टी. वासुदेवन नायर, नन्दनार, के. सुरेन्द्रन, पारप्पुरत्तु, जी. विवेकानन्दन, कोविलन, एन.पी. मुहम्मद, एम मुकुन्दन, पद्मराजन, पुनत्तिल कुञ्ञब्दुल्ला, सी. राधाकृष्णन, पेरुम्पटवम् श्रीधरन, वी.के.एन. विलासिनी, माटंबु कुञ्ञुकुट्टन, माधविकुट्टि, ललिताम्बिका अन्तर्जनम् पी. वत्सला, एम. डी. रत्नम्मा, मलयाटूर रामकृष्णन, ओ. वी. विजयन आदि स्वातन्त्र्योत्तर काल के प्रमुख उपन्यासकार हैं। एम.टी. वासुदेवन नायर के उपन्यासों में व्यक्तिवादिता एवं आत्मनिष्ठता का स्वर काफी मुखरित है। यथार्थवाद की रूखी-सूखी परिस्थितियों से ऊपर उठकर व्यक्तिमन की अभिलाषाओं, रोमांस, मोह एवं मोह भंग को नायर के उपन्यासों में प्रमुखता मिली है। एम. टी. वासुदेवन नायर ज्ञानपीठ पुरस्कार से भी सम्मानित हैं। 'कालम्', 'नालुकेट्टु', 'असुर वित्तु', 'मंजु', 'रन्टामूषम्', 'विलाप यात्रा', 'अरबिपोन्नु' आदि एम. टी. के प्रमुख उपन्यास हैं।

सैनिक जीवन को कथानक बनाकर उपन्यास लिखने वालों में नन्दनार, कोविलन, पारप्पुरत्तु आदि प्रमुख हैं। मलयालम के कुछ उपन्यासों में जाति विशेष के रीति-रिवाज, अन्धविश्वास, आचार-अनुष्ठान आदि को आधार बनाया गया है। एन.पी. मुहम्मद, पुनत्तिल कुञ्ञब्दुल्ला आदि ने अपने कुछ उपन्यासों में मुस्लिम

समाज के रीति-रिवाजों को पृष्ठभूमि बनाया है। पी. वत्सला ने आदिवासियों की जीवन-झाँकी अपने उपन्यासों में प्रस्तुत की।

स्वातन्त्र्योत्तर काल में महिला उपन्यासकारों का योगदान भी महत्त्वपूर्ण रहा है। ललिताम्बिका अन्तर्जनम, पी. वत्सला, माधविकुट्टि, एम.डी. रत्नम्मा, सुहरा, के. बी. श्रीदेवी आदि उपन्यास लेखिकाओं में प्रमुख स्थान रखती हैं।

उन्नीस सौ अस्सी के बाद नयी पीढ़ी के उपन्यासकारों ने भी मलयालम के कथा-साहित्य को विकास की ओर ले जाने में सराहनीय कार्य किये हैं। नयी पीढ़ी के उपन्यासों की प्रवृत्तियाँ बहुआयामी रही हैं। नयी पीढ़ी में सी.वी. बालकृष्णन, एम. सुकुमारन, पी सुरेन्द्रन, के.पी. रामनुण्णी, पी.वी.के. पनयाल, हाफिस मुहम्मद, सी.वी. आनन्द बोस आदि दर्जन से अधिक उपन्यासकार मलयालम-उपन्यास को नये क्षितिज की जोर ले जाने में कार्यरत हैं। इसी कारण मलयालम-उपन्यास का भविष्य उज्ज्वल रहने की उम्मीद है।

प्रेमचन्द

प्रेमचन्द हिन्दी के लोकप्रिय कलाकार हैं। उनका रचना-संसार कहानी उपन्यास तक सीमित रहा था। हिन्दी कथा साहित्य को विकास की विविध दिशाओं का निर्देश प्रेमचन्द से ही प्राप्त हुआ था। प्रेमचन्द एक ऐसे सर्जक कलाकार थे, जिनमें साहित्य के निर्देश की ही नहीं अपनी तथा परवर्ती पीढ़ी के साहित्यकारों को भी निर्देश देने की क्षमता थी। प्रेमचन्द का साहित्य सोद्‌देश्य था, दलित और पीड़ितों के प्रति उन्हें सहानुभूति थी। अत: वे गरीब और शोषित मानवता के पक्षधर कलाकार के रूप में प्रत्यक्ष हुए हैं। वे हिन्दी के सर्वश्रेष्ठ कथाकार माने जाते हैं। उपन्यास के क्षेत्र में तो उन्हें 'सम्राट' की उपाधि मिली है। वे हिन्दी के युग प्रवर्तक कथाकार हैं (हिन्दी कहानी साहित्य को जीवन के निकट लाने का श्रेय उन्हें प्राप्त है) दलित-पीड़ित जनता के अभावग्रस्त जीवन के प्रति वे पूरी सहानुभूति रखते थे। किसानों और मजदूरों के जीवन की कठिनाइयों का अनुभव उन्हें बचपन से ही प्राप्त था। वे यथार्थवादी साहित्यकार होते हुए भी आदर्श की ओर उन्मुख रहते थे।

महान कथाकार प्रेमचन्द का जन्म वाराणसी के पास लमही नामक गाँव में एक साधारण परिवार में 31 जुलाई 1880 ई. को हुआ था। अभावग्रस्त परिवार में जन्मे प्रेमचन्द का नाम उनके माँ-बाप ने धनपत राय रखा था। साहित्यिक-जीवन में उन्होंने पहले नवाबराय के नाम से लिखना शुरू किया था। प्रेमचन्द ने पहली बार

सहृदयों को कल्पना जगत् से जीवन की यथार्थ भूमि पर पहुँचाया। अपने पूर्ववर्ती कथा साहित्य में बीज-रूप में प्राप्त यथार्थ जीवन के कुछ चित्रों से प्रेरणा लेते हुए उन्होंने उन बीजों को उनकी सारी सम्भावनाओं के साथ विकसित किया, पल्लवित किया। प्रेमचन्द ने सोद्देश्य लिखा, मनोरंजन का एक नया स्तर उद्घाटित किया। अपने समय के पाठकों की कलात्मक चेतना को विकसित कर उसे एक सजग और सामाजिक बोध वाले पाठक के रूप में विकसित कर प्रेमचन्द ने सही अर्थों में में एक नये युग-प्रवर्तन को सम्भव बनाया।

प्रेमचन्द का कहानी साहित्य

प्रेमचन्द की प्रतिभा कहानी कला में खिल उठी। उन्होंने लगभग तीन सौ कहानियाँ लिखी हैं। उनका कहानी साहित्य इतना व्यापक एवं समृद्ध है कि समूचा एक युग समा गया है। प्रेमचन्द के कहानी साहित्य को तीन विभिन्न अवस्थाओं में बाँटा जा सकता है। प्रारम्भिक अवस्था (1907-1920) मध्यम अवस्था (1920-1930) एवं अन्तिम अवस्था (1930-1936)। उनकी कहानी कला केवल वस्तु के स्तर पर ही विकसित नहीं वरन् कलात्मक-स्तर पर भी विकसित हुई। प्रेमचन्द के युगान्तकारी व्यक्तित्व को रेखांकित करते हुए डॉ. कमल किशोर गोयनका ने उन्हें वाल्मीकि, वेदव्यास, कालिदास, तुलसीदास और कबीर की परम्परा की कड़ी बताते हैं।

प्रेमचन्द ने पुरातन भारतीय चेतना से लेकर प्राय: समस्त आधुनिक पश्चिमी भावधाराओं को अपनी कृतियों में समाहित किया है। जो काम बाँग्ला कहानी साहित्य में टैगोर ने किया, वही काम हिन्दी कहानी साहित्य में प्रेमचन्द ने किया। 'सप्त सरोज' (1917) की कहानियों से लेकर 'मानसरोवर' प्रथम भाग (1936) की कहानियों की रचना विधान की दृष्टि से विविध राजनीतिक, सामाजिक, व्यक्तिगत परिस्थितियों से गुजरना पड़ा है। इन परिस्थितियों ने उनके भाव पक्ष को उज्ज्वल बनाया।

यह बताया जा चुका है कि सन् 1900 ई. में 'सरस्वती' के प्रकाशन से हिन्दी में कहानी का आधुनिक रूप प्रकट हुआ था। प्रेमचन्द ने 1901 ई. में उर्दू में पाँच कहानियों का संग्रह 'सोजेवतन' नाम से प्रकाशित किया, लेकिन सरकार ने इसे जब्त कर लिया। तत्पश्चात् प्रेमचन्द ने मजदूर और किसान को अपने साहित्य के केन्द्र में स्थान दिया। बाल-विवाह, बहुविवाह आदि सब सामाजिक विकृतियों के खिलाफ उनका तीव्र आन्दोलन था। इनकी सभी सामाजिक कहानियाँ तत्कालीन सामाजिक कुरीतियों का पर्दाफाश करती हैं।

1920-30 काल की कहानियों में सत्य और सुन्दर के सामंजस्य को प्रधानता दी गयी है। प्रारम्भिक कहानियों में प्रेमचन्द आदर्श की स्थापना में दिलचस्प रहे, परन्तु बाद में वे यथार्थोन्मुख हुए। स्वयं प्रेमचन्द ने बताया, "हम ने इन कहानियों में आदर्श को यथार्थ से मिलाने की चेष्टा की है।" (प्रेमचन्द, प्रेम प्रसून की भूमिका में) उनका यह आदर्शोन्मुख यथार्थवाद गांधीवाद से प्रभावित है। सत्याग्रह 'ब्रह्म का स्वांग', 'महातीर्थ', 'जेल' आदि इसके लिए श्रेष्ठ उदाहरण है। 'मैकू' में मद्यनिषेध का सन्देश है। इस प्रकार ऊपर बतायी सभी कहानियों की शिल्प-विधि आदर्शोन्मुख यथार्थवाद की बुनियाद पर विकसित की गयी है।

हिन्दी कहानियों के तीसरे चरण में मनोवैज्ञानिक विवेचन को स्थान मिल गया। जीवन के यथार्थ और स्वाभाविक चित्रण को कहानीकारों ने प्रधानता दी। यथार्थ की स्थिति मूल्य को उत्तम बना देती है। यहाँ यथार्थ धरातल और यथार्थ भावभूमि के पीछे आर्थिक समस्या मुख्य हो गयी है। "यहाँ की यथार्थवादिता मुख्यत: आर्थिक धरातल से बोल रही है, सामाजिक धरातल से नहीं, क्योंकि प्रेमचन्द्र ने स्पष्ट रूप से देख लिया था, अनुभव कर लिया था कि हमारे जीवन की सारी समस्याओं के पीछे आर्थिक व्यवस्था का मुख्य हाथ है। प्रेमचन्द के इन दृष्टिकोणों के पीछे किसी भी तरह से मार्क्स के द्वन्द्वात्मक भौतिकवाद की प्रेरणा नहीं थी, बल्कि यह प्रेमचन्द का स्वयं का अनुभव था। वे स्वयं इसके बहुत बड़े शिकार बने हुए थे और ग्रामीणों तथा मजदूरों के बीच तथा मध्य एवं निम्न वर्ग के बीच में रहकर उन्होंने इसकी कटुता भी देखी थी।" (डॉ. लक्ष्मीनारायण लाल, हिन्दी कहानियों की शिल्प-विधि का विकास, पृ. 102)

प्रेमचन्द की कहानियों का भाव पक्ष अत्यन्त उज्ज्वल है। सामान्यत: इनकी कहानियों का भाव ऐतिहासिक राष्ट्रीय, सामाजिक, व्यक्तिगत स्तरों में फैला हुआ है। अपने प्रारम्भिक काल में उन्होंने 'रानी सारन्धा', 'राजा हरदोल', 'मर्यादा की वेदी', 'जुगनू की चमक' आदि कहानियाँ ऐतिहासिक तथ्य तथा संवेदना से लिखी।

मुस्लिम शासन काल के वैभव, ऐश्वर्य और पतन के भावपक्षों से 'शतरंज के खिलाड़ी', 'दिल की राणी लेला' आदि कहानियों की रचना की। डॉ. लक्ष्मीनारायण लाल का अभिमत है कि राष्ट्रीय भावधारा पर लिखी हुई कहानियाँ प्रेमचन्द की सुन्दर और कलात्मक कहानियाँ हैं। 'सुहाग की साड़ी', 'सत्याग्रह', 'तांवान', 'विचित्र होली', 'अनुभव' आदि कहानियाँ राष्ट्रीय भाव से ओत-प्रोत हैं। 'ठाकुर का कुआँ', 'दूध का दाम', 'सद्गति' मन्दिर आदि कहानियों में अछूतोद्धार की आवाज है तथा गांधीवाद को भी स्पष्ट किया गया है।

'सद्गति', 'दुर्गा का मन्दिर', 'सफेद खून', 'वेश्या', 'ठाकुर का कुआँ' आदि सर्वोत्कृष्ट व्यंग्यात्मक और संवेदनात्मक कहानियों में अछूत समस्या, वेश्या समस्या आदि सामाजिक समस्याओं को स्थान दिया गया है। वैवाहिक जीवन से सम्बन्धित पति-पत्नी, विधवा विवाह, अन्तर्जातीय विवाह, बृद्ध-विवाह, बहु-विवाह आदि बातों की चर्चा क्रमश : 'शान्ति', 'धिक्कार', 'बालक', 'कायर', 'नरक का मार्ग' और 'सौत' कहानियों में की गयी है। अन्धविश्वास, पण्डा और साधु समस्या के विरोध में प्रेमचन्द ने 'सुभागी', 'केसर', 'भूत', 'मनुष्य का परम धर्म', 'गुरु का मन्त्र' आदि कहानियाँ लिखीं। 'शंखनाद' में संयुक्त परिवार की समस्याएँ चित्रित की गयी हैं।

लेखन में प्रवेश करते समय प्रेमचन्द आदर्शवादी थे। कर्तव्य, त्याग, प्रेम, न्याय, मित्रता, देश सेवा आदि मानव धर्मों की प्रतिष्ठा ही उनकी कई कहानियों में की गयी है। असत् पर सत् की विजय दिखाकर प्रेमचन्द ने आदर्श की स्थापना की है। 'बड़े घर की बेटी', 'पंच परमेश्वर', 'नमक का दारोगा', 'परीक्षा', 'उपदेश' आदि कहानियों में सत् की विजय दर्शायी गयी है। अपने विकास काल की कहानियों में उन्होंने आदर्शोन्मुख यथार्थ की स्थापना की है। 'ईश्वरीय न्याय', 'धर्म संकट', 'लालफीता', 'आत्माराम' आदि कहानियाँ मनोवैज्ञानिक पक्ष लिए हुए यथार्थ पर आघात है। कहानी का अन्त आदर्शोन्मुख है। इस काल की कुछ कहानियों में विरुद्ध यथार्थवाद अभिव्यंजित किया गया है। 'बूढ़ी काकी', 'शतरंज के खिलाड़ी', 'वज्रपात' आदि कहानियाँ यथार्थवादी हैं।

उत्कर्ष काल में प्रेमचन्द का दृष्टिकोण यथार्थवाद पर स्थिर हो गया। 'कफन', 'नशा', 'पूस की रात', 'मिस पद्मा', 'कुसुम' आदि कहानियाँ उनके यथार्थवादी दृष्टिकोण स्पष्ट करती हैं। डॉ. लक्ष्मीनारायण लाल के मत में 'कफन' में जीवन का नग्नमय यथार्थ अट्टहास कर उठा है। न जाने कबके सूखे पिपासित आशान्वित और दु:खी माधव और घीसू जब बुधिया के लिए चन्दे से बाजार में पाँच रुपये का कफन लेने जाते हैं, वहाँ एकाएक अपनी सारी झूठी मर्यादाओं, मान्यताओं को भूलकर अपनी आत्मा की यथार्थ तक भूमि पर उतर पड़ते हैं।

इस प्रकार प्रेमचन्द आखिर यथार्थ की भूमि पर जम गये। उनकी कहानी कला को सँवारने में पाश्चात्य और पौर्वात्य कहानी-कलाओं का सम्मिलित योग हुआ। पश्चिम के मोपासां, जोला, रूस के टॉल्स्टाय जैसे प्रतिभावान कहानी लेखकों की कहानियाँ उन्होंने पढ़ीं। फास्ट का यथार्थवाद और टॉल्स्टाय का आदर्शोन्मुख यथार्थवाद इनके व्यक्तित्व निर्माण में सहायक बने। प्रेमचन्द के कथाकार व्यक्तित्व

का मूल्यांकन करते हुए श्री गोविन्द मिश्र ने 'साहित्य का सन्दर्भ' में उचित ही लिखा "प्रेमचन्द सिर्फ एक शुरुआत थे, बेहद महत्त्वपूर्ण शुरुआत। अगर ऐसा न होता तो जैनेन्द्र, अज्ञेय, रेणु, निर्मल वर्मा, कृष्णा सोवती और दूसरे कथाकारों में हिन्दी कथा साहित्य के जो नये आयाम खुले हैं, न खुलते। प्रेमचन्द या "किसी बड़े साहित्यकार की महानता भी इसमें नहीं होती कि साहित्य को कोई विधा उसमें पहुँचकर खत्म हो जाती है, बल्कि इसमें होती है कि वह एक भाषा या विधा में इतनी स्फूर्ति फूँक देती है कि धारा वेगवती होकर मीलों आगे चलती हैं।"

गोदान

उत्तर प्रदेश के बेलारी गाँव के किसान होरी के परिवार मैं पत्नी धनिया, पुत्र गोबर और दो पुत्रियाँ—सोना और रूपा हैं। होरी का जीवन अत्यन्त संघर्षमय है। एक गाय को पालने की उसकी सबसे बड़ी अभिलाषा रही। जब वह उसी गाँव के जमींदार रायसाहब अमरपाल सिंह से मिलने जाता है, तब पड़ोस के गाँव के भोला नामक ग्वाले से उसकी भेंट होती है। मार्ग में भोला को अपनी गाय लिए आते देखकर वह आत्म-विभोर हो जाता है। विधुर भोला ने बूढ़ा होने पर भी दूसरा विवाह करने की लालसा मन में पाल रखी थी। उसके यहाँ भूसे की कमी है, इसलिए वह गाय को बेचना चाहता है। उसकी गायों में से एक गाय पर होरी की लालच भरी दृष्टि पड़ती है, लेकिन होरी के साथ नकद पैसा नहीं है। वह भोला से वादा करता है कि वह उसकी सगाई करायेगा। होरी के पास भूसा प्रचुर मात्रा में था। अपने पुत्र गोबर के साथ खाँचा उठाकर भोला के यहाँ पहुँचाने के लिए वह तैयार है। इससे भोला और भी खुश होकर अपनी गाय होरी को देने के लिए तैयार होता है। वहाँ गोबर की भेंट भोला की एकमात्र विधवा पुत्री झुनिया से हो जाती है और पहली ही दृष्टि में दोनों की आँखें चार हो जाती है।

होरी की चिरकालीन अभिलाषा पूरी होती है। गोबर भोला के यहाँ से गाय ले आता है। सारा गाँव गाय देखने के लिए उमड़ पड़ता है। केवल होरी के सगे भाई हीरा और शोभा गाय देखने नहीं आते। दोनों भाई समझते हैं कि होरी ने जो से छिपा रखे थे, उससे गाय खरीद ली है। ईर्ष्या से हीरा, होरी के कौड़े में आग लेने के बहाने आकर गाय को जहर दे देता है। धनिया सारे गाँव में कोलाहल मचाकर हीरा पर गो-हत्या का अपराध लगाती है। होरी पत्नी की पिटाई करता है और भाई को बचाने के लिए पुत्र की झूठी कसम खाता है। दारोगा हीरा के घर की तलाशी लेना चाहता

है। समाज की मान्यताओं से डरता हुआ, बिरादरी के बन्धन का हुआ, ईश्वर से डरता हुआ जीवन बिताने वाला होरी इसे कुल का अपमान समझता है और परिवार की मर्यादा की रक्षा के लिए महाजन से रुपये उधार लेकर दारोगा को देता चाहता है। पटेश्वरी थानेदार से मिलकर तीस रुपये में मामला तय करा देता है। झिंगुरी सिंह ऋण देने के लिए तैयार हो जाता है। धनिया झपट्टा मार कर होरी के हाथ से रुपये छीन लेती है। थानेदार धनिया का रौद्र रूप देखकर गाँव के मुखिया लोगों को ही डरा-धमकाकर चलता बनता है। हीरा के घर से भाग जाने पर होरी उसकी स्त्री धनिया की सहायता करने लगता है।

गोबर-झुनिया का प्रणय प्रसंग बढ़ जाता है और झुनिया गर्भवती हो जाती है। गोबर उसे अपने घर पहुँचाकर सामाजिक भय के कारण भाग जाता है। धनिया पहले तो डाँट देती है पर स्थिति का खयाल समझकर चुप रहती है और झुनिया को घर में जगह दे देती है। झुनिया को पुत्रीवत मानकर आश्रय देना होरी के लिए विपत्तियों को मोल लेना था। आखिर वही होता है जिसकी उसे आशंका थी, होरी जाति से निकाल दिया जाता है, उसका हुक्का-पानी बन्द कर दिया जाता है। पंचों ने मिलकर होरी पर सौ रुपये नकद और तीस मन अनाज डॉड लगा दिया। होरी यह कठोर अन्याय भी सहन कर लेता है। धनिया इसका खुलकर विरोध करती है, होरी खलिहान से सारा अनाज उठाकर पंचों के घर पहुँचा देता है और नकद रुपये के लिए अस्सी रुपये में अपना घर गिरवी रख देता है।

उधर भोला अब अपनी गाय के रुपये वसूल करने होरी के पास आता है। उसको लग रहा है कि झुनिया को शरण देकर मैंने अपमान मोल लिया है। वह स्पष्ट कहता है कि यदि होरी झुनिया को घर से निकाल दे तो वह गाय का मूल्य नहीं लेगा। इस पर होरी और धनिया सहमत नहीं हैं। हार कर भोला होरी के दोनों बैल खोल ले जाता है। उसकी इस विवशता का दातादीन खूब लाभ उठाता है। वह आकर होरी को मीठी बातों से मनाकर अपने नाम पर उससे खेती कराता है। धनिया और उसकी दोनों बेटियाँ इसमें जुट जाती हैं।

गोबर लखनऊ जाता है। वहाँ मिर्जा नामक व्यक्ति के यहाँ काम करने लगता है और बाद में दुकानदार बनकर खूब रुपये कमाता है। वह शहर से लौटकर गाँव के मुखियाओं से बदला लेना चाहता है जिन्होंने होरी को सताया था।

दातादीन के पुत्र मातादीन ने सिलिया चमारिन को रखैल की तरह रखा है। एक दिन सिलिया की जाति वाले मातादीन को पकड़कर उसके मुँह में हड्डी डाल देते हैं।

इससे बात बढ़ जाती है तब होरी सिलिया को भी शरण देता है। अचानक एक दिन सिलिया का बच्चा मर जाता है। मातादीन जातीय गौरव और मिथ्याभिमान छोड़कर बच्चे की लाश को दोनों हाथों में उठाकर गंगा में प्रवाहित कर देता है। अब उसे अपने वास्तविक कर्तव्य की याद आती है और वह सिलिया को अपना लेता है।

होरी की लड़की सोना अब विवाह योग्य हो गयी है। होरी और धनिया बेटी का विवाह धूम-धाम से करना चाहते हैं। पड़ोसी गाँव वाले गौरी महतो सोना को अपनी पुत्र वधू बनाने को राजी हो जाता है। मथुरा से सोना की शादी सम्पन्न होती है। दहेज के लिए होरी ईख के बल पर दुलारी से दो सौ रुपये ऋण ले लेता है। होरी की दूसरी पुत्री रूपा भी सयानी हो जाती है। रामसेवक नामक एक अधेड़ उम्र का आदमी ब्याह करने को तैयार है जिसकी पहली पत्नी मर गयी थी और कोई चारा न पाकर होरी दो सौ रुपये लेकर बेटी की शादी उस बुजुर्ग से कर देता है।

उन्हीं दिनों हीरा आकर अपने बड़े भाई से माफी माँगता है। हीरा की कृतज्ञता में उसके जीवन की सारी सफलता मूर्तिमान हो जाता है। इसी उत्साह में वह और भी उमंग से काम करने लगता है। गाँव में कंकड़ की खुदाई हो रही है। होरी की दशा इतनी गिर चुकी थी कि बिगड़े स्वास्थ्य के बावजूद वह आठ आने रोज दर कंकड़ की खुदाई करने लगता है। जेठ का महीना है, लू चल रही है। होरी को इसकी परवाह बिलकुल नहीं। गोबर के बच्चे के लिए एक गाय लेने की इच्छा उसमें है और इसके लिए वह कार्यरत है। वह तेजी से काम करता ही जा रहा है। दोपहर होते-होते बेहोश होकर वह गिर पड़ता है। बहुत सेवा-शुश्रूषा करने पर भी वह बच नहीं पाता। धनिया से क्षमा माँगते हुए वह अन्तिम साँस लेता है। उस समय दातादीन और हीरा धनिया से गोदान करने की बात कहते है तब पागल-सी धनिया अन्दर भाग जाती है और थोड़े पैसे की छोटी थैली लाकर उनके मुँह पर फेंक कर कहती है—लीजिए महाराज, ये ही पैसे हैं—घर में न गाय है, न बछिया बस! यही इनका गोदान है।

'गोदान' का विस्तृत पट-कथा गाँव से लेकर शहर तक फैली है। रायसाहब प्रत्त्येक वर्ष अपने यहाँ रामलीला कराते हैं। प्रो. मेहता, मिस मालती, पत्रकार ओंकारनाथ, बीमा कम्पनी के दलाल श्यामबिहारी मिर्जा, खन्ना साहब आदि उनके शहरी मित्र हैं, जो रामलीला पर प्रत्येक वर्ष उनके यहाँ एकत्र होते हैं। दैनिक पत्र 'बिजली' के सम्पादक ओंकारनाथ शराब न पीता था और अपने को पक्का आदर्शवादी समझता था। बन्ना दस साल पहले बैंक में क्लर्क था लेकिन अब चीनी की दो मिलों का मालिक है। कमाया हुआ उसका धन विलासिता में खर्च हो जाता है।

अब मिस मालती के पीछे बन्ना अपना पारिवारिक जीवन के सुख भी खो बैठता है जो अभी-अभी इंग्लैंड से पढ़कर आयी है। अचानक उसकी मिल में आग लग जाती है, और सारी सम्पत्ति स्वाहा हो जाती है। इस घटना से वह सबक सीख जाता है। अब वह एक साधारण मनुष्य बनकर जीने लगता है।

मालती मेहता पर अनुरक्त होती है। दाम्पत्य के बन्धन में पड़ने को तैयार नहीं है। बाद में मालती बिलकुल बदल जाती है। उसकी विलासी वृत्ति दब जाती है और उसमें सेवा-भाव भर जाता है। अन्त में दोनों सहयोगी भावना लेकर जीवन व्यतीत करने लगते हैं।

प्रेमचन्द सभी मानवों में एक ही आत्मा का दर्शन करते थे और सभी के सुखमय जीवन की कामना किया करते थे। उन्होंने पाखण्ड, धूर्तता, अन्याय, बलात्कार, भ्रष्टाचार आदि दूषित मनोवृत्तियों से घृणा करना सिखाया। वे मानव की दुर्बलताओं को अच्छी तरह जानते थे और उन्हें दूर करने की सलाह देते थे। वे इसी दुनिया को स्वर्ग बनाना चाहते थे। उनकी दृष्टि में मोक्ष दीन-दुःखी मानवों के कष्टों का निवारण ही है। दुःख से आत्यन्तिक निवृत्ति ही मुक्ति थी और गरीबी से छुटकारा पाना ही 'निर्वाण' था। उन्होंने निवृत्ति के मार्ग का समर्थन नहीं किया, वे प्रवृत्ति मार्ग का अनुसरण करते रहे।

प्रेमचन्द ने अपनी साहित्य रचना द्वारा निष्काम कर्मयोग का प्रचार-प्रसार किया। वे 'सादा जीवन और उच्च विचार' जीवन के प्रतीक थे। उनका जीवन आस्था और आशा का संगम है- परम्परा के प्रति आस्था और परिवर्तन की आशा।

पी. केशवदेव

मलयालम साहित्य के बहुमुखी प्रतिभासम्पन्न रचनाकारों में पी. केशवदेव अग्रस्थानीय हैं। केशवदेव के आगमन ने मलयालम के उपन्यास साहित्य में नयी स्फूर्ति एवं चैतन्यता का संचरण किया। तीव्र अनुभूतियों की सशक्त अभिव्यक्ति में वे अत्यन्त सक्षम थे। तत्कालीन समाज के अन्धविश्वासों पर प्रहार कर नव-निर्माण की प्रेरणा देना ही उनका लक्ष्य था। अपने इस महान लक्ष्य की पूर्ति के माध्यम के रूप में ही उन्होंने रचनाएँ कीं। उन्होंने देखा कि जाति-धर्म-भेद के कारण पारिवारिक जीवन अस्त-व्यस्त हो गया है। धर्म के नाम पर चारों ओर अधर्म और अनैतिकता का हो बोलबाला है, फलस्वरूप मानवीयता को बुलन्द करना ही उन्होंने अपना कर्तव्य

माना और उसी के आधार पर अपने भावों और विचारों को वाणी बद्ध भी किया। बहुमुखी प्रतिभा के धनी पी. केशवदेव का जन्म सन् 1905 में हुआ। उनके जन्म-वर्ष को लेकर यह मतभेद है। देव की पत्नी सीतालक्ष्मी देव भी इससे सहमत हैं।

केरल के वटक्कन परिवार के 'कैटामंगलम' नामक गाँव के नल्लैटत्त खानदान में देव का जन्म हुआ था। वे ग्रामीण कृषक अप्पुपिल्ले और कार्त्यायनी अम्मा के सबसे छोटे पुत्र थे। नारायणन और श्रीधरन, उनके बड़े भाई थे और जानकी लाड़ली बहन। उन दिनों नायर परिवार में मातृसत्तात्मकता कायम थी।

केशव घर वालों के लाड़ले थे क्योंकि वे अपने माँ-बाप की अन्तिम सन्तान थे। यद्यपि उनके बचपन का नाम केशव था, तो परिवार के सदस्य प्यार के मारे उन्हें 'केशु' पुकारते थे, जबकि माता-पिता तो 'कोच्चुकेशु' थे। बचपन से ही उनमें क्रान्तिकारी विचार फूट पड़े थे इसलिए वे अधिक शरारती हो गये थे। साथ ही नेतृत्व का भाव भी उनमें भरा था। अन्य बच्चों पर रोब जमाने की भावना उनमें प्रबल थी।

केशव को घर और बाहर के कड़े नियन्त्रण अच्छे नहीं लगते थे। उनके प्रति केशव के मन में विद्रोह के भाव उमड़ने लगे थे। फलत: आगे जाकर वे आजीवन क्रान्तिकारी ही बने रहे। क्रान्ति के ये भाव किसी-न-किसी प्रकार उनकी सभी कृतियों में हम पा सकते हैं। छह साल की उम्र में केशव की शिक्षा प्रारम्भ हुई। पढ़ने-लिखने में उसे विशेष रुचि नहीं थी। केशव की राय थी कि बच्चों को अक्षर सिखाने आदि बातें समाज की अन्यायपूर्ण व्यवस्थाएँ हैं। अक्षरों, पाठों आदि को पढ़ने वाले और कण्ठस्थ करने वाले विद्यार्थियों को वे बेवकूफ ही मानते थे। इन सब बन्धनों से मुक्त होने की अदम्य लालसा बचपन में ही उनमें अंकुरित होने लगी थी।

पहले दर्जे में पढ़ते समय वह वर्णमाला नहीं जानते थे। मगर आगे चलकर गुरु या दूसरों की सहायता के बिना उन्होंने खुद ही सीखने का अथक परिश्रम किया और उसमें वह सफल भी हुआ। स्कूल में केशव की एक विशेष आदत थी कि वे किसी से भी दोस्ती नहीं करते थे, अकेले क्लास मैं बैठा रहते थे। अध्यापकों की बातें ध्यान से सुनते, प्रश्नों का जवाब तुरन्त दे देते। स्कूल के गरीब छात्रों के प्रति एक प्रकार का अज्ञात आकर्षण उनके मन में होता था, उनसे ममता और सहानुभूति का भाव भी वे रखते थे। जीवन-भर केशव में यह आदत बनी रही। बचपन से ही पुस्तकों ने कैशवन का पथ प्रशस्त करना शुरू किया था। इससे सिद्ध होता है कि उनको बचपन से ही घर पर साहित्यिक वातावरण प्राप्त था। वे जन्म से विशेष प्रतिभाशाली थे, अत: इस वातावरण ने उन्हें अधिक वाचन और मनन करने को

प्रेरित किया। फलस्वरूप वे बड़ा स्वाध्यायी बने। वे कहानी, उपन्यास, काव्य आदि सभी साहित्यिक विधाओं की बहुचर्चित रचनाओं का अध्ययन करने लगे। आर्य-समाज ने केशव के मन में क्रान्ति की भावना का बीज बोया। स्वामी दयानन्द सरस्वती के 'सत्यार्थ प्रकाश' ने उनके विचारों को बदलने में काफी प्रेरणा प्रदान की। पं. ऋषीराम का भाषण सुनकर सामाजिक अव्यवस्थाओं के विरुद्ध चुनौती देने की भावना उनमें पनपने लगी। वे अछूतों से दोस्ती जोड़ने लगे। केशवदेव रूसी क्रान्ति के प्रबल समर्थक थे। एक बार उनको एनिक्कुम् जी विक्कानवकाशमंटु जॉकलैंड पढ़ने का अवसर मिला। इससे वे उनका समर्थक हो गये। वे मानते थे कि भारत में भी रूसी क्रान्ति की तरह की क्रान्ति की जरूरत है, क्योंकि रूस में क्रान्ति के पहले जो वातावरण विद्यमान था, वही भारत में भी है। वे दावा करते थे कि क्रान्ति के बिना पीड़ितों की प्रगति असम्भव है। साथ-ही-साथ वे अहिंसा के पक्षपाती थे, इसका मतलब यह नहीं कि वे डरपोक थे। जिजीविषा उनमें कूट-कूट कर भरी थी। वे लिखते हैं, "मैं जिऊँगा, मुझे जीना है, मैं अवश्य जिऊँगा।

पत्रकारिता के सव्यसाची 'स्वदेशाभिमानी' रामकृष्ण पिल्लै से उन दिनों देव की मुलाकात हुई। पिल्लैजी ने 'स्वदेशाभिमानी' पत्रिका के प्रकाशन की जिम्मेदारी 'देव' पर छोड़ दी। पिल्लैजी के घर में एक बड़ा पुस्तकालय था जिससे देव बहुत लाभान्वित हुए। जब वे 'बैरिस्टर' की परीक्षा के लिए इंग्लैंड गये तब पत्रिका के प्रकाशन में रुकावट आयी। महीनों के बाद देव एक दूसरी पत्रिका 'भजे भारत' के सम्पादक बन गये। यह वह समय था, जब भारत का स्वतन्त्रता संग्राम जोरों पर था। लाला लाजपतराय की असमय मृत्यु का समाचार पाकर देव के हृदय में गांधीजी के नेतृत्व पर सन्देह पैदा हुआ। इस समय 'प्रतिदिनम्' समाचार पत्र में उन्होंने कुछ दिनों तक नौकरी की, लेकिन वहाँ भी ज्यादा दिन तक वे नहीं टिक पाये।

केशवदेव के मन में समय-समय पर असंख्य सामाजिक सुधारों के विचार उमड़ आते थे जिन सबको कार्यान्वित करने की उत्कट अभिलाषा भी उनमें थी। वे भाषण देते हुए घूमा करते थे। इसी बीच रस्सी निर्माण के पेशे में लगे मजदूरों से भी उनका सम्पर्क हुआ और उनकी बहुविध समस्याओं पर भी उनका ध्यान गया। अब वे उन मजदूरों के लिए भी लड़ने लगे। उन उदार मजदूरों के मालिक को 'मूप्पन' कहते थे। उन्होंने जान लिया कि उन गरीबों की कमाई का अधिकांश हिस्सा यही 'मूप्पन' हड़प लेता है। 'मूप्पन' के विरोध में चूँ तक करने का साहस मजदूरों में नहीं था। कोई-न-कोई कारण बताकर 'मूप्पन' उन मजदूरों से रुपये वसूल करता

था। कभी-कभी बिना सूचित किये ही वेतन काट लेता था। 'आलप्पुषा' (केरल का एक ज़िला) के मजदूरों को संगठित करके देवजी ने लुटेरे पूँजीपतियों के विरुद्ध आवाज उठायी तथा मजदूरों को शोषकों के विरुद्ध क्रान्ति करने को प्रेरित किया है। मजदूरों के घर जाकर भी देवजी अत्याचारों के खिलाफ लड़ने की प्रेरणा देते रहे। फलस्वरूप देवजी सरकार का दुश्मन बन गये, खुफिया पुलिस उनका पीछा करती रही, उन्हें गिरफ्तार करने की ताक में रहती थी। जनता में क्रान्ति का बीज बोने का अपराध उन पर लगाया गया। मजदूरों ने उनको पुलिस की नजर से बचाने का प्रयास किया।

केशवदेव बहुमुखी प्रतिभा के धनी थे, उसी प्रतिभा ने उसे महान साहित्यकार बनाया। उनके साहित्यिक व्यक्तित्व की कई विशेषताएँ हैं, जिनमें साहस, निर्भीकता एवं अहंवादी प्रवृत्ति की मुख्यता है। उनका साहित्यिक-सृजन-कार्य तथा क्रान्तिकारी विचार—दोनों परस्पर पूरक दिखाई देते हैं। यही उनकी निजी सम्पत्ति थी जिसको साथ लेकर उन्होंने साहित्य में प्रवेश किया। केशवदेव का जीवन उलझनों से घिरा था। संयुक्त परिवार की सभी प्रकार की जटिलताओं से होकर उनको गुजरना पड़ा था। अत: उनके मन में तत्कालीन सामाजिक और पारिवारिक कुप्रथाओं के प्रति विरोध और घृणा का भाव जम गया था। वे इन सभी अनुभूत कटुताओं को खत्म कर अच्छे समाज का नव-निर्माण करना चाहते थे। सन् 1956 में आकाशवाणी के नाटक विभाग में नाटक के प्रस्तुतकर्ता के रूप में उनकी नियुक्ति हुई, लेकिन उनकी आदत कुछ ऐसी थी कि वे किसी के अधीन अधिक दिन तक काम नहीं कर पाते थे। अत: उन्होंने एक दिन अचानक यह नौकरी भी छोड़ दी। देवजी की पहली शादी श्रीमती गोमती से हुई। उनका जीवन शान्त और सुखी नहीं था। उनकी पत्नी तो उम्र में उनसे बड़ी थी। उनके विचारों को ग्रहण करने और पहचानने की क्षमता पत्नी में नहीं थी। अतएव देव उसे नहीं पसन्द करते थे। आये दिन दोनों में अनबन की हालत बनी ही रहती। चूँकि उनकी कोई सन्तान नहीं हुई थी, इसलिए उन्होंने दत्तक पुत्री के रूप में रेणुका नामक एक लड़की का पालन-पोषण किया। कुछ सालों के बाद उन्होंने पत्नी का परित्याग कर दिया। जब वे आकाशवाणी में कर्मचारी थे तब पड़ोस की तेरह साल की एक लड़की से उनका परिचय हुआ। वे उस लड़की को आकाशवाणी के नाटकों में भाग लेने के लिए बार-बार ले जाने लगे। तब तक उस लड़की के मन में केशवदेव उपासना की मूर्ति बन गये थे। लड़की का नाम था सीतालक्ष्मी। उस समय देवजी पैंतालीस वर्ष के थे। अन्त में दोनों की शादी हुई। उनका इकलौता बेटा है, ज्योति देव।

केशव देव का कहानी साहित्य

'प्रतिज्ञा' कहानी की नायिका कल्याणी एक गरीब नारी है। जो कयर बनाने की नौकरी करती है। उसका पति गोपालन बेकार और बेफिक्र है। कल्याणी सुबह से शाम तक कयर बनाकर जो तुच्छ वेतन प्राप्त करती है उससे वह पति तथा बच्चों की भूख मिटाती है। भूख मिटाने के लिए उसे थोड़ा-सा अन्न चाहिए। फिर ओच्चिरा मन्दिर के मेले में जाना चाहिए। वहाँ भगवान् के सामने एक विनती करनी है। उसे एक 'उरुलि' (एक विशेष बर्तन) खरीदना है। इस प्रकार उसकी 'अभिलाषाएँ' सीमित हैं। उरुलि खरीदने की इच्छा उसके मन में तब जाग्रत हुई जब नाणी ने उस पर अपनी 'उरुलि' का घमण्ड दिखाया था। उस घमण्ड ने उसके दिल में चोट कर दी थी। किन्तु उरुलि का दाम पाँच रुपये आयेगा कहाँ से? पाँच रुपये इकट्ठा कर सकने की अपनी आशक्ति को जब नाणी ने प्रकट किया, तब वह अपमानित हुई। इस अपमान से दुखी होकर वह उरुलि खरीदने की प्रतिज्ञा करती है। एक साल की कमाई पाँच रुपये मात्र थी, जिससे उसने अपनी इच्छा पूरा करने की ठान ली। तब उस पर सन्निपात हुआ। उसका पति रोगग्रस्त हो गया। पाँच रुपये की रकम उसके हाथ में थी। वह दुविधा में पड़ गयी, क्योंकि उसका पति इस समय बीमार था प्रतिद्वन्द्विता के सामने कर्तव्य की विजय हुई। उसने पति की रक्षा करने का निश्चय किया। लोग ओच्चिरा मन्दिर के मेले में जाने लगे। नाणी भी सजधज कर आयी। नाणी की परिहासपूर्ण हँसी ने कल्याणी के हृदय को घायल कर दिया। नारी सहज ईर्ष्या से कल्याणी ने फिर प्रतिज्ञा ली और कहा, "ओच्चिरा भगवान् के रहते मैं भी अगले साल मेले में भाग लूँगी।"

निक्षेपम् (बचत) नामक कहानी में बहुत कठिनाई से जीवन-यापन करने वाली नारी का वर्णन किया गया है। 'कोच्चिक्का' नारियल का छिलका पीटने की नौकरी करती है। वह सुबह से शाम तक कठिन मेहनत करके घर चलाती है। उसका पति वेत्ताकुंजु घर के प्रति बेफिक्र है। पति की गैरजिम्मेदारी के कारण कोच्चिक्का बहुत दुखी थी। नारियल का छिलका पीटकर जो तुच्छ वेतन प्राप्त करती थी, उससे घर के सदस्यों को दो वक्त का खाना भी मयस्सर नहीं था। कोच्चिका ने पेट काटकर थोड़ी रकम संचित की जिसे उसने अपने पति की आँखों से छिपा रखा, लेकिन कोच्चिक्का की इतनी सावधानी के बावजूद वह अपनी पति की आँखों से अपनी कमाई को बचा न सकी। पति ने उससे छीन लिया।

'प्रतिज्ञा', 'बचत' जैसी कहानियों में देव ने साधनहीनों के जीवन यथार्थ का चित्रण किया है।

'मक्कले बतन' नामक कहानी में एक गरीब नारी के अभिशप्त जीवन का चित्र खींचा गया है जो अपने पति की मृत्यु के बाद अपने नन्हे बच्चों का पालन करने के लिए अमीर घरों में नौकरी करती है। 'मलक्करिक्कारी' नामक कहानी की नायिका नारायणी अपना जीवन निर्वाह करने के लिए झूठ एवं चालाकी से काम लेती है। 'कुलड्रिंक' नामक कहानी में भी साधनहीनों की दयनीय दशा का चित्रण हुआ है। पतित पीड़ित वर्ग की तुच्छ अभिलाषाएँ भी पूरी नहीं होती। देव ने अभिशप्त जीवन बिताने वाले साधनहीन और विपन्न लोगों के जीवन की करुण दशा का मर्मभेदी चित्र अंकित किया है।

'मरच्चीनी' में शंकरन नायर तथा गौरी अम्मा ने अपनी बेटी राजम्मा की शादी विजयन नामक एक सरकारी कर्मचारी से कर दी। विजयन लोक निर्माण विभाग में क्लर्क था। शंकरन नायर ने पाँच हजार रुपये दहेज में दिये थे। पाँच हजार रुपये देना उनके लिए आसान बात नहीं थी, लेकिन उन्होंने सोचा कि विजयन बी.ए. पास है और सरकारी कर्मचारी भी है। रुपये जुटाने के लिए शंकरन नायर ने जमीन बेच दी थी। छह महीने बीत जाने पर शंकरन नायर तथा गौरी अम्मा दामाद और पुत्री को देखने आये। घर में कुछ भी नहीं था। इतने में विजयन दफ्तर से आया। सास-ससुर के आने की बात जानकर वह घबरा गया। दूसरा कोई उपाय न होने के कारण विजयन ने मरच्चीनी चुरा ली और चोरी के अपराध में वह पकड़ा गया। 'मरच्चीनी' का विजयन निम्नमध्य वर्ग का प्रतिनिधित्व करता है।

सरकारी कर्मचारी का एक रूप विजयन है तो दूसरा रूप राघवन का है जिसे लेखक ने 'अवन वलिया उद्योगस्थना' (वह बड़ा अफसर है) नामक कहानी के माध्यम से चित्रित किया है। 'पणत्तेक्काल वलुता मनुष्यन' (पैसे से बड़ा है इन्सान) नामक कहानी देव की श्रेष्ठ कहानियों में से है। इसमें प्रसव से पीड़ित एक गरीब नारी की चिकित्सा के लिए डॉक्टर पहले से फीस माँगता है पति डॉक्टर की फीस अदा नहीं एक कर सका। फीस न मिलने की सम्भावना से डॉक्टर चला गया। 'बचाओ', 'बचाओ' कहते हुए उसका पति पाच्चन डॉक्टर के पीछे दौड़ पड़ा। डॉक्टर ने ध्यान नहीं दिया। किन्तु डॉक्टर उस वक्त अपने चारों ओर खड़े रोगियों को धकेलते हुए भाग निकला। जिस वक्त उसने अपनी पत्नी के खून उगलने की खबर सुनी थी अत्यन्त तेजी से कार चलाने के कारण कार दुर्घटनाग्रस्त हो गयी। इस प्रकार की नाजुक स्थिति में डॉक्टर को उसके घर पहुँचाने का कार्य उस बेचारी

बीमार स्त्री के युवा पति ने किया। उसने डॉक्टर को अपने ताँगे में घर पहुँचाया। प्रतिदान के रूप में डॉक्टर ने उसे जो पैसे दिये उसे स्वीकार किये बिना वह चला जाता है। पैसे देने के लिए डॉक्टर उसके पीछे आया तो उस युवक ने कहा, 'पैसे से बड़ा है इन्सान' कहते हुए वह चला।

'तस्करसंघम्' (चोरों का दल) नामक कहानी का नायक है 'कुंजन', जो बहुत ही नटखट तथा गरीब बालकों का नेता था। दल का कोई भी सदस्य उसका विरोध करने की शक्ति नहीं रखता था। बालकों का यह दल दिनभर इधर-उधर घूमता-फिरता रहता था। भूख लगने पर किसी के आम के पेड़ या काजू के पेड़ पर चढ़ता था। नेता पेड़ पर चढ़ता फल तोड़ता और नीचे खड़े दल के अन्य बालक फलों को इकट्ठा करते। फल तोड़ चुकने पर कुंजन खुद ही सबको बाँट देता। जो उसकी बात को न मानता उसे खूब पीटता।

संगठित मजदूरों के संघर्ष की कहानी है 'रेडवालंटियर'। शोषित पीड़ित मजदूर अपने अभावग्रस्त जीवन से मुक्ति पाने के लिए संगठित होकर आवाज उठाने लगे। गोली, पीड़न, गरीबी, यहाँ तक कि अपने जीवन तक की उन्हें अब चिन्ता नहीं है। तोपों के सामने सीना तान खड़े होने में उन्हें डर नहीं है। वे मात्र अपना अधिकार पाना चाहते हैं। न्यायपूर्ण वेतन मिलता है। खोने के लिए उनके पास कुछ नहीं है, लेकिन उन्हें एक नया संसार प्राप्त करना है। वहाँ गुलामी नहीं होगी, शोषण नहीं होगा। समभाव पर आधारित एक सुन्दर भविष्य के लिए वे लड़ रहे हैं। नायक गोविन्दन कयर फैक्टरी में मजदूर है।

वेश्यालयत्तिल' (वेश्यालय में) नामक कहानी में नारी के सर्वाधिक लांछित एवं उपेक्षित रूप का चित्रण किया गया है जिसे जीवन यापन करने के लिए शरीर बेचना पड़ता है। प्रस्तुत कहानी में नारी को पथभ्रष्ट करने वाली सामाजिक व्यवस्था का विरोध किया गया है। लक्ष्मी एक नौकरानी थी। उसकी एक छोटी-सी भूल पर मालकिन ने उसे घर से बाहर कर दिया। बेसहारा युवती क्या कर सकती थी? भाग्यवश उसे एक पुरुष का सहारा मिला। दोनों पति-पत्नी के रूप में जीवन बिताने लगे। पति उसे बहुत प्यार करता था परन्तु लक्ष्मी का दाम्पत्य जीवन अधिक दिन तक नहीं चला। एक दुर्घटना मं उसके पति की मृत्यु हुई। सहानुभूति प्रकट करने उसके पति का बॉस आया। वह लक्ष्मी को कुछ रुपये देकर चला गया। यह क्रम जारी रहा। धीरे-धीरे बॉस के साथ अन्य पुरुष भी आने लगे। एक दिन उसका मालिक भी आया जिसने उसे उसकी एक छोटी-सी भूल के लिए घर से निकाल दिया था।

आर्थिक अभाव में नारी किस तरह पतित हो जाती है। इस तथ्य पर प्रकाश है डालने वाली कहानी है 'सुलोचनायुटे पठित्तम्' (सुलोचना की पढ़ाई)। इस प्रकार 'वेश्यालय' में 'नर्स', सुलोचना की पढ़ाई में नारी को पथभ्रष्ट करने वाली सामाजिक व्यवस्था की कटु आलोचना की गयी है। कृषक जीवन की समस्या पर आधारित कहानी है 'घोषयात्रा' (जुलूस)। किसानों की अपनी जमीन नहीं है, बीज नहीं है, खाद नहीं है, लगान लेने की शक्ति भी देव की मार्मिक कहानियों में एक है 'राघवंटे अम्मा' (राघव की माँ)। राघव की माता बूढ़ी है। उसका इकलौता बेटा था राघव, जिसने स्वतन्त्रता संग्राम में अंग्रेजों की गोली खाकर वीर गति प्राप्त की थी। राघव के साथ काम करने वालों में से कुछ स्वाधीनता प्राप्ति के बाद मन्त्री बने। राज्य के कई भागों में स्वागत समारोह बड़े धूम-धाम से आयोजित किया गया था। अपने प्रिय नेताओं तथा मन्त्रियों को देखने और उनका भाषण सुनने के लिए हजारों लोग इकट्ठे हो गये थे। राघव की माँ भीड़ के बीच से स्टेज की ओर बढ़ी। पुत्र की मृत्यु के बाद बुढ़िया की मानसिक दशा खराब हो गयी थी। वह विश्वास रखती थी कि उसका बेटा अब भी जीवित है। स्टेज की ओर बड़ी बुढ़िया को पुलिस ने रोका। समारोह के आयोजकों ने उसे पागल कहा। भीड़ में से किसी ने उसे पहचान लिया और 'राघव की माँ कहा' उसे उचित सहायता दी जायेगी' ऐसा कहकर मन्त्रियों ने उस वृद्धा को वहाँ से वापस कर दिया। देव ने अपने उपन्यास 'भ्रान्तालयम्' (पागलखाना) और 'नायरीष्वलहला' (नायर ईष्वा दंगा), 'गुस्ती' (कुश्ती) जैसी कहानियों में साम्प्रदायिक दंगों तथा उससे उत्पन्न विभीषिका का चित्रण किया है। 'नायरीष्वलहला' (नायर ईष्वा दंगा) नामक कहानी का पाच्चू और परमन तीसरी कक्षा में पढ़ने वाले छोटे बच्चे हैं। दोनों एक साथ खेलते हैं। पाच्चू का पिता है पप्पु पिल्लै जो नायर जाति का है। परमन का पिता नाणु है जो ईषवा जाति का है। पप्पुपिल्लै और नाणु दोनों मित्र हैं। पाच्चू और परमन खेल रहे थे और उन दोनों के बीच झगड़ा हुआ। परमन का रुदन सुनकर उसका पिता बाहर आया और उसने पाच्चू पर प्रहार किया। देखते-ही-देखते झगड़ा परिवार वालों के बीच बढ़ गया। जाति के याने नायर और ईष्वा के नाम पर लोग दो दलों में बँट गये। दोनों आपस में आक्रमण करने लगे। चारों तरफ दंगा फैल गया। नायर लोगों ने ईष्व जाति के लोगों के घरों में आग लगा दी और इसके बदले ईष्वों ने नायर घरों को भी आग लगा दी। एक नायर युवती पानी भर रही थी, ईष्वा का एक दल उसे उड़ा ले गया। दंगों से डरकर एक घर में छिपी बैठी ईष्व युवती को नायर लोगों ने खुले मैदान में

उसका मानभंग कर दिया। नायर अखबारों ने ईषवों को इस दंगे का दोषी ठहराया। ईषवों के अखबारों में यह छापा गया था कि दंगे के उत्तरदायी नायर लोग हैं। दंगा जारी रहा। एक दिन पाच्चू और परमन घर के पिछवाड़े आम के पेड़ के नीचे मिले और दोनों गले मिले। बस यात्रा' 'अच्छनुम भार्युयुम' (पिता और पत्नी), 'कर्टेन्टे पिरकिल' (पर्दे के पीछे), 'अच्छनुम मकनुम' (बाप और बेटा) जैसी कहानियों में पारिवारिक जीवन का सुन्दर चित्रण किया गया है।

देवजी की अधिकाश कहानियों में निम्नावर्गीय जीवन के यथार्थ, आदर्शोन्मुख यथार्थवाद, आर्थिक अभाव, कृषक जीवन की समस्याएँ, दमित नारियों का चित्रण, सांप्रदायिक समस्याएँ, पारिवारिक जीवन की कठिनाइयाँ आदि का चश्मदीद चित्रण द्रष्टव्य है।

ओटयिलनिन्न्

पप्पू नटखट विद्यार्थी था। घर में भी वह नटखटी दिखाता था। दूसरे छात्रों से वह उम्र में बड़ा था, इसलिए वह जल्दी सब का नेता बन गया। सहपाठियों की सहायता के लिए वह हमेशा तैयार रहता था। जब मदद की जरूरत पड़ती तब वह उनके पास पहुँचता। अन्याय और अत्याचार के खिलाफ वह आवाज उठाता था। जब वह देखता कि क्लास में शोर मचाने वाले छात्रों में से जमींदार के पुत्र को छोड़कर अध्यापक शेष सबकी पिटाई करते हैं तो इसके विरुद्ध वह आवाज उठाता। आखिर वह पढ़ाई छोड़ देता है। वह अपने साथियों के साथ जमींदार के पुत्र की रात्रि यात्रा पर रुकावट डालता है। जमींदार का पुत्र रात-भर घूमता और अनैतिक आचरण करता। पप्पू ने जब इस कार्य में बाधा डाली तो जमींदार के बेटे ने उसको पीटना शुरू किया, तब पप्पू ने गायों को उस खेत में चरने छोड़कर जमींदार की खेती को तहस-नहस कर डाला। गाय ने खेत का सारा धान खा डाला। इन सबका परिणाम यह हुआ कि पप्पू का वहाँ जीना दूभर हो गया। उसने अपना गाँव छोड़ दिया। वह शहर पहुँच गया। तब पप्पू शहर में मजदूरी करने लगा। पहले बोझ उठाने के कार्य में वह लग गया। वहाँ भी वह मजदूरों का नेता बना। फिर उसने कपड़े के कारखाने में नौकरी की, साड़ी के कारखाने में भी उसने काम किया। कपड़े के कारखाने में उसे मैनेजर के अत्याचारों का शिकार होना पड़ा। इससे उसके हृदय में मैनेजर के प्रति भारी विरोध पैदा हुआ। झूठा इल्जाम लगाकर जब मैनेजर ने उससे जुर्माना देने को कहा। तब उसने विरोध किया। उसे अधिकारी के कठोर दण्डों को भोगना पड़ा,

कारावास भी सहना पड़ा। एक साल और दो महीनों की जेल की सजा भोग कर जब वह बाहर आया तब उसकी अगुआई के लिए कोई नहीं था। कारखाने के सहकर्मी भी नहीं आये। फिर उसने किराये पर रिक्श ले लिया और उसे खींचते-खींचते जीवन बिताने लगा। फिर उसने एक नया रिक्शा खरीदा।

एक दिन की घटना है। पप्पू जल्दबाजी में रिक्शा को पीछे की ओर धकेलकर आगे को खींच रहा था। इतने में एक छोटी लड़की उससे टकराकर पास की गन्दी नाली में गिर गयी थी। सिसक-सिसककर रोने लगी। वह दुकान से चावल, नमक, मिर्च खरीदकर ला रही थी। गाड़ी के टकराने से सारी चीजें बिखर गयी थीं। इस घटना ने पप्पू के जीवन को बदल डाला। उस अनाथ लड़की का नाम लक्ष्मी था। पप्पू लड़की के साथ उसके घर जाता है और गरीब परिवार का रक्षक बन जाता है। इस प्रकार पहले-पहल उसके जीवन में एक अच्छे भविष्य का उदय हुआ। लक्ष्मी के पिता उसके बचपन में ही मर गये थे। अब उसे पिता के समान एक मामा मिल गये। पप्पू ने लक्ष्मी को स्कूल भेजा और उसकी पढ़ाई-लिखाई में बड़ी मदद की। लक्ष्मी ने खूब पढ़ा, पढ़-लिखकर वह होशियार बन गयी। वह खूब गाती भी थी।

अब लक्ष्मी के हृदय में पप्पू के प्रति पहले का सा आदर नहीं था। वह हाईस्कूल में पहुँच गयी थी। पप्पू को मामा कहकर बुलाने और दूसरी सहेलियों के सामने उससे बोलने आदि में उसे संकोच होने लगा था, लेकिन पप्पू उसकी कृतज्ञता या आदर नहीं चाहता था। वह निरन्तर अथक रिक्शा खींचता गया। इतनी बड़ी मेहनत वह इसलिए करता रहता था कि लक्ष्मी की हर इच्छा की पूर्ति उससे हो जाये। वह ठीक तरह से खाता-पीता या सोता नहीं था। उसकी तबीयत खराब होने लगी। वह यक्ष्मा का शिकार हो गया। लक्ष्मी की माता कल्याणी को वह मजदूरी करने भी नहीं देता था।

प्रगतिशील विचार का गोपी लक्ष्मी पर आसक्त हो जाता है। पप्पू के त्याग की महत्ता वह जानता था। एक बार लक्ष्मी ने कहा कि मामा की महत्ता जानने के लिए मुझे गोपी की जरूरत पड़ी। लक्ष्मी ने पप्पू से जब आराम करने को कहा तब उसकी राय थी कि जिन्दगी आराम करने की नहीं, आराम जिन्दगी के अन्त में है, वही मृत्यु है।

इसी बीच लक्ष्मी के लिए पप्पू ने रिक्शा भी बेच डाला था। किसी दूसरी नौकरी के लिए वह इधर-उधर घूमता रहता था। आखिर एक दुकान में रस्सी बनाकर देने का काम वह करने लगा। वह यह जानकर अधिक दुखी बन जाता है कि लक्ष्मी और कल्याणी उससे अलग होती जा रही हैं। लक्ष्मी और गोपी का विवाह हो गया। विवाह

में पप्पू शामिल नहीं हुआ। कल्याणी को पुरानी झोंपड़ी में ही वह खाँसते-खाँसते एकान्त में लेट ता रहा। लक्ष्मी ने प्रथम रात में वह खाँसी सुनी दूर हो जाती खाँसी की ध्वनि, उसके लिए और माता के लिए कड़ी मेहनत करके जिसने क्षय रोग का वरण किया, उस मामा की खाँसी, वह अनबुझी बाँसी।

हिन्दी और मलयालम साहित्य में नाटक

मलयालम के प्राचीन साहित्य में नाटकों का सर्वथा अभाव था। उन्नीसवीं शताब्दी के अन्तिम चरणों में ही नाटक-निर्माण की ओर लेखकों का ध्यान आकृष्ट हुआ। पहले पहल संस्कृत के नाटकों के अनुवाद अस्तित्व में आये। सन् 1882 में केरल वर्मा ने कालिदास के 'अभिज्ञानशाकुन्तलम्' का अनुवाद मलयालम में किया। इसके बाद अनेकानेक संस्कृत नाटकों का अनुवाद हुआ। इनमें 'विक्रमोर्वशीयम्' (कोट्टारत्तिल शंकुण्णि), 'मालविकाग्निमित्रम्' (ए.आर. राजराज वर्मा) 'उत्तररामचरित' (चात्तुक्कुट्टि मन्नाटियार), 'स्वप्नवासवदत्तम्' (शंकुण्णि), 'आश्चर्यचूड़ामणि', (कुञ्जिकुट्टन तम्पुरान) आदि प्रमुख हैं। अनुवाद का यह कार्य संस्कृत तक ही सीमित नहीं रहा। अंग्रेजी नाटकों का अनुवाद भी मलयालम में हुआ।

इसी जमाने में संस्कृत के नाटकीय नियमों के आधार पर स्वतन्त्र नाटक भी लिखे गये जिनमें 'चन्द्रिका', 'लक्षणासंगम्' (कुञ्जिकुट्टन तम्पुरान), 'सुभद्रार्जुनम्' (इक्कावम्मा), 'एब्रायकुट्टि' (वर्गीस माप्पिला) आदि प्रमुख हैं। इनमें 'एब्रायकुट्टि' अंग्रेजी नाटक-नियम के अनुसरण पर लिखा गया पहला मलयालम-नाटक है। रचनाकाल को आधार बनायें तो मलयालम का पहला सामाजिक नाटक कोच्चीप्पन तरकन का लिखा 'मरियाम्मा' (1897) है।

उन्नीसवीं शताब्दी के अन्तिम चरणों में केरल में तमिल-नाटक-कम्पनियों का आगमन हुआ। इनके अभिनय से प्रभावित कई लेखकों ने मलयालम में अभिनेय संगीत नाटकों की रचना की। इनमें प्रमुख हैं—'संगीत हरिश्चन्द्र', 'वल्लियम्माल चरित' (चक्रपाणि वारियर), 'सदारामा' (के.सी. केशवपिल्लै), 'देवयानीचरितम्', 'बालगोपालन' (कुट्टमत्तु), 'संगीत नैषधम्' (टी.सी. अच्युत मेनोन) आदि। इनमें 'संगीत नैषधम्' के रचयिता अच्युत मेनोन मलयालम की संगीत-नाटक विधा के ज्ञाता माने जाते हैं।

नाटकों के सम्बन्ध में विशेष उल्लेखनीय बात यह है कि विकास की प्रारम्भिक दशा से ही नाटककारों का ध्यान रंगमंच पर गया था। इसी कारण आरम्भिक दशा में ही बहुत-से नाटकों का सफलतापूर्वक मंचन हुआ है। धीरे-धीरे लेखकों के मन में नाटक के प्रति अत्यधिक रुचि पैदा होने लगी और अनेक प्रतिभाहीन लोग भी इस क्षेत्र में आने लगे। फलस्वरूप अनेक सारहीन नाटकों का भी निर्माण हुआ और नाटक-क्षेत्र कलुषित होने लगा। नाटक क्षेत्र की इस बुरी प्रवृत्ति को लक्ष्य कर मुंशी रामकृष्ण ने 'चक्की चंगरम्' नामक परिहास-प्रधान नाटक भी लिखा।

प्रहसन : संगीत नाटकों के प्रचार ने मलयालम में गद्य-नाटकों के लिए मार्ग खोला। अंग्रेजी-गद्य नाटकों का अनुसरण करते हुए मलयालम में गद्य नाटकों की रचना होने लगी। ऐसे नाट्य-रूप 'प्रहसन' के नाम से जाने जाते हैं। प्रहसन व्यंग्य-परिहास-प्रधान होते हैं। मलयालम के गद्य नाटकों का आदि रूप हैं प्रहसन। सी.बी. रामनपिल्लै का 'चन्द्रमुखी विलासम्' (1885) इस विधा की पहली रचना है। सी.बी. का पदानुसरण करते हुए ई.वी. कृष्णपिल्लै ने भी अनेक प्रहसन लिखे। इनमें 'बी. ए. मायावी', 'प्रणयक्कम्मीशन', 'कवितक्केस' आदि प्रमुख हैं। कृष्णपिल्लै के पश्चात चेल्लप्पन नायर, टी.एन. गोपिनाथन नायर, तिक्कोटियन, जगति. एन.के. आचारी आदि ने प्रहसन की परम्परा को आगे बढ़ाया।

ऐतिहासिक नाटक : मलयालम में ऐतिहासिक नाटकों की संख्या बहुत कम हैं। नाटक के विकास की प्रारम्भिक दशा में सी.वी. रामन पिल्लै के ऐतिहासिक उपन्यास 'धर्मराजा', 'मार्तण्ड वर्मा', 'रामराज बहदुर' आदि के नाट्य रूपान्तर रंगमंच पर प्रस्तुत किये गये। ई.वी. कृष्ण पिल्लै ने मलयालम में ऐतिहासिक नाट्य-रचना की शुरुआत की। आपके प्रमुख ऐतिहासिक नाटक हैं—'इरविकुट्टि पिल्ला' (1936), 'राजा केशवदास', 'सीतालक्ष्मी' आदि। ई.वी. के ऐतिहासिक नाटकों ने मलयालम-नाट्य-साहित्य को गौरव प्रदान किया। कृष्ण पिल्लै का अनुसरण कर कैनिक्करा पद्मनाभ पिल्लै ने भी ऐतिहासिक नाटक लिखे। इनमें 'कालवरियिले कल्पपादपम्', 'वेलुत्राम्पिदलवा', 'स्वाति तिरुनाल' आदि प्रमुख हैं। मलयालम के ऐतिहासिक नाटकों में 'मानविक्रम विजयम्' (अप्पन तम्पुरान), 'पष़श्शिराजा', 'मामांगम्', (कप्पना कृष्ण मेनोन), 'राजा बिम्बिसारन', 'ताजमहल' (जगति ए के आचारी), 'कुञ्आलि मरय्कार' (पद्मनाभन नायर), 'स्वाति तिरुनाल' (पीरप्पन कोडु मुरलि), 'महात्मा' (के.पी. केशव मेनोन) आदि काफी चर्चित हैं। इन नाटकों के जरिये केरल तथा भारत के गौरव अतीत को दर्शकों के सामने प्रस्तुत किया गया।

सामाजिक एवं राजनीतिक नाटक : सन् 1930 तक आते-आते मलयालम नाटक अपने स्वतन्त्र अस्तित्व की जड़ जमाने लगा था। सन् 1930 के बाद तत्कालीन सामाजिक एवं राजनीतिक परिस्थितियों के फलस्वरूप एक सशक्त सामाजिक माध्यम के रूप में नाटक उभर आया। इसका प्रवर्तन वी.टी. भट्टतिरिप्पाडु ने किया। उनका प्रसिद्ध बहुचर्चित नाटक है—'अटुक्कलयिल निन्नु अरंगत्तेक्कु' (रसोई से रंगमंच की ओर)। इस नाटक में नम्पूतिरि (ब्राह्मण) समाज में व्याप्त रूढ़ियों, कुरीतियों एवं अनाचारों का पर्दाफाश किया गया। इससे प्रेरणा ग्रहण कर एम.पी. भट्टतिरि ने 'मरक्कुटक्कुल्लिले महानरकम' (छतरी की ओट का जहन्नुम), 'ऋतुमति' (रजस्वला) आदि नाटक लिखे। इनमें सामाजिक कुरीतियों की कड़ी आलोचना है और ब्राह्मण जाति के अनाचारों के ध्वंस का प्रयास भी। के. दामोदरन ने जमीनदारी प्रथा को विषय बनाते हुए 'पाटटबाकी' लिखा।

इसी जमाने में मलयालम नाटक को इब्सन के नाटकों ने भी प्रभावित किया। इब्सन की प्रेरणा ग्रहण करके नाटक लिखने वालों में अग्रणी थे—प्रो. एन. कृष्णपिल्लै। उन्होंने अपने सुगठित समस्यामूलक नाटकों में मनुष्य की आन्तरिक समस्याओं, चिन्तनों, विचारों तथा वैयक्तिक एवं सामाजिक जीवन पर पड़ने वाले उनके प्रभावों को अभिव्यक्त किया। पिल्लै के आगमन से मलयालम-नाटक को एक नया जीवन मिला। पिल्लै के प्रमुख नाटक हैं—'भग्न भवनम्', 'कन्यका', 'बलाबलम्', 'मरुप्पच्चा', 'अनुरंजनम्' आदि।

स्वातन्त्र्योत्तर काल में मलयालम-नाटक का अभूतपूर्व विकास हुआ। स्वातन्त्र्योत्तर काल के सर्वप्रथम उल्लेखनीय नाटककार हैं इटश्शेरी गोविन्दन नायर। इनका बहुचर्चित नाटक है 'कूट्टु कृषि'। इसमें उन्होंने जमीनदारी प्रथा, साम्प्रदायिक वैमनस्य आदि का यथार्थ चित्र प्रस्तुत किया है।

नाटक के परम्परागत कथ्य एवं शिल्प की धारणाओं का निराकरण करते हुए सी.जे. थोमस ने नाटक के क्षेत्र में पदार्पण किया तो मलयालम-नाटक को एक नया आयाम मिला। '1128 ले क्राइम 27', 'आ मनुष्यन् नी तन्ने', 'विषवृक्षम' आदि थोमस के प्रमुख नाटक हैं। पोनकुन्नम वर्की ने अपने नाटकों के द्वारा सामाजिक रूढ़ियों एवं आर्थिक शोषण की कड़ी आलोचना की। 'स्वर्गम् नाणिक्कुन्नु', 'कर्णन्', 'किरीटत्तेक्काल वलुतु' आदि इनके प्रमुख नाटक हैं। राजनीतिक क्षेत्र से होकर नाटक के क्षेत्र में प्रवेश करने वाले नाटककार हैं तोप्पिलभासी। वे साम्यवादी विचारधारा से प्रभावित थे। इसी कारण अपने नाटकों के द्वारा उन्होंने सामाजिक समस्याओं

के लिए साम्यवादी समाधान ढूँढ़ने का प्रयत्न किया। 'निंगलेन्ने कम्युनिस्टाक्कि', 'मूलधनम्', 'मुटियनाय पुत्रन्', 'अश्वमेधम्', 'शरशय्या', 'कुटुकुटम्बम्' आदि भासी के ख्याति प्राप्त नाटक हैं। भासी के सभी नाटक रंगमंच पर प्रस्तुत हुए हैं। चेरुकाटु भी सामाजिक एवं राजनीतिक समस्याओं को मूल विषय बनाकर नाटक लिखने वालों में अग्रणी थे।

मलयालम के रंगकर्मी हैं पी. जे. आटणी। रचनाकार, निर्देशक एवं अभिनेता के रूप में आन्टणी काफी सफल हुए हैं। इनके प्रमुख नाटक हैं—'अम्मा', 'इनकुलाबिंटे मक्कल', 'प्रलयम्' आदि। आंटणी के समान के.टी. मुहम्मद ने भी दर्जन से अधिक नाटक लिखकर मलयालम-नाट्य-विधा को सम्पुष्ट किया और नाटक को रंगमंच से जोड़ने का सफल प्रयत्न भी किया।

सन् 1950 के बाद के नाटककारों में प्रमुख हैं तिक्कोटियन, एस. एल. पुरम सदानन्दन आदि। तिक्कोटियन तथा सदानन्दन ने समसामयिक सामाजिक समस्याओं को ही अपने नाटकों के लिए कथ्य बनाया।

मलयालम के प्रयोगवादी नाटककारों में प्रमुख हैं जी. शंकर पिल्लै तथा कावालम् नारायण पणिक्कर। दोनों ने नाटक और रंगमंच की अभिन्नता को अच्छी तरह पहचानते हुए रंगमंच में नये-नये प्रयोग भी किये। कावालम् के नाटक काफी लोकधर्मी भी हैं। शंकर पिल्लै के प्रमुख नाटक हैं—'भरतवाक्यम्', 'ओलपाम्पु', 'पोयमुखंगल', 'धर्मक्षेत्रे कुरुक्षेत्रे' आदि। 'नाटकचक्रम्', 'दैवत्तार', 'अवनवन कटम्पा' आदि कावालम् के प्रमुख नाटक हैं।

नाटक के सारे मर्मों को अच्छी तरह जानने वाले नाटककार हैं एन. एन. पिल्लै। नाटक के रचयिता, निर्देशक, अभिनेता आदि रूपों में ये विख्यात हैं। पिल्लै के नाटकों के संवाद अत्यन्त नुकीले और ज्यादा चुभने वाले हैं। नीति-नियमों की कपटता, समसामयिक सामाजिक तथा राजनीतिक जीवन का खोखलापन आदि को पिल्लै ने अपने नाटकों के द्वारा अभिव्यक्ति प्रदान की। कभी-कभी इनके संवाद नैतिक मर्यादाओं का उल्लंघन करते दिखाई देते हैं।

उपर्युक्त नाटककारों के अतिरिक्त वयला वासुदेवन पिल्लै, तिक्कुरिश्शि सुकुमारन नायर, पी.एम. ताज, सी.एल. जोस, ओम चेरी, आर. नरेन्द्र प्रसाद, वासु प्रदीप, एन. प्रभाकरन आदि दर्जन से अधिक नाटककारों ने भी मलयालम नाटक की प्रगति के लिए अथक परिश्रम किया है और अनेक युवा नाटककार अब भी अपने कार्य में लगे हुए हैं।

हिन्दी नाटक : उद्भव और विकास

ऐतिहासिक दृष्टि से भारतेन्दु से पूर्व स्वाँग और रास की परम्परा थी जिन्हें नाटक नाम से अभिहित किया गया है। इन रचनाओं का समय प्राय: 14वीं शती से 19वीं शती के मध्य तक माना जाता है। इनमें प्रमुखत: विद्यापतिकृत 'रुक्मिणी हरण', 'पारिजात हरण', केशवदासकृत 'विज्ञान गीता', हृदयरामकृत 'हनुमन्नाटक', ब्रजवासी दासकृत 'प्रबोध चन्द्रोदय', 'प्रद्युम्न विजय' आदि हैं।

भारतेन्दु हरिश्चन्द्र के नाट्य क्षेत्र में पदार्पण के पूर्व तक जन नाट्य-परम्परा प्रचलित थी। नाट्य सम्बन्धी कोई शास्त्रीय और लक्षण ग्रन्थ (संस्कृत ग्रन्थों को छोड़कर) का निर्माण नहीं हुआ था। इस परम्परा पर अंग्रेजी नाट्य परम्परा का ही प्रभाव था। अस्तु भारतेन्दु ने परिवर्तित समय और रुचि के अनुसार पाश्चात्य नाट्य-पद्धति का अवलम्बन ग्रहण कर एक स्वच्छन्द और नवीन नाट्य-प्रणाली का श्रीगणेश किया, जिसका विकास भारतेन्दुयुगीन नाटककारों ने किया। वस्तुत: गद्य क्षेत्र में भारतेन्दुजी का ध्यान सर्वप्रथम नाटकों की ओर ही गया। भारतेन्दु पूर्व तीन प्रकार के नाटकों की परम्परा रही है—अनूदित, मौलिक, साहित्यिक, सामाजिक। अनूदित नाटकों की परम्परा में 'हनुमन्नाटक', 'प्रबोध चन्द्रोदय' और 'शकुन्तला' संस्कृत नाटकों के हिन्दी अनुवाद हैं। मौलिक नाटकों की परम्परा में रीवों के राजा विश्वनाथ सिंह का 'आनन्द रघुनन्दन' है। इसकी रचना सन् 1700 के लगभग हुई। रामचन्द्र शुक्ल इसे ब्रजभाषा का नाटकत्वपूर्ण प्रथम नाटक मानते हैं। इसी कोटि का भारतेन्दु के पिता गिरधरदास का 'नहुष' नाटक है। सामाजिक नाटकों में उन नाटकों की गणना है जो जनता अपने मनोरंजन के लिए खुले मैदानों में स्वाँग आदि के रूप में खेलने लगी। रामलीला, रासलीला आदि ऐसे ही नाटक हैं जो जनता में मनोरंजन के साथ धार्मिक प्रवृत्ति को भी जाग्रत करते रहे। इस प्रकार के नाटकों में लक्ष्मण का 'रामलीला', ईश्वरीप्रसाद का 'उषा अनिरुद्ध' आदि नाटक प्रसिद्ध हैं। इन नाटकों में एक प्रमुख बात यह है कि इनमें साहित्यिकता और पद्यबद्धता का अभाव है।

प्रथम उत्थानकाल : हिन्दी साहित्य मंच पर भारतेन्दु हरिश्चन्द्र का आगमन नाट्य विधा के लिए वरदान सिद्ध हुआ है। हिन्दी नाटकों का सूत्रपात सही अर्थों में भारतेन्दु-युग में ही हुआ और भारतेन्दु हरिश्चन्द्र को हिन्दी नाटकों का जन्मदाता माना जा सकता है। भारतेन्दु-युग प्राचीनता के अनुवर्तन एवं नवीनता के प्रवर्तन का युग था। परिणामत: उनके नाटकों में इस संक्रमण की तीव्र प्रतिध्वनि है। भारतेन्दु ने मौलिक एवं अनूदित नाटक लिखे। उनके मौलिक नाटकों में 'वैदिकी हिंसा हिंसा न

भवति', 'चन्द्रावली', 'विषस्य विषमौषधम्', 'भारत दुर्दशा', 'नीलदेवी', 'अन्धेर नगरी', 'प्रेमजोगिनी' आदि हैं तथा अनूदित नाटकों में 'विद्या सुन्दर', 'पाखण्ड विडम्बनम्', 'धनंजय विजय', 'कर्पूरमंजरी', 'मुद्राराक्षस', 'भारत जननी' आदि हैं। 'सत्य वादी राजा हरिश्चन्द्र' उनका मौलिक नाटक माना जाता है। उनके नाटकों पर बाँग्ला एवं संस्कृत का प्रभाव है। भारतेन्दु के नाटकों का वर्ण्यविषय सामाजिक, ऐतिहासिक राजनीतिक, पौराणिक एवं प्रेमतत्त्व से सम्बन्धित है साथ ही उनमें युगचेतना की अभिव्यक्ति भी है। भारतेन्दु-युग के अन्य प्रभावशाली नाटककारों में प्रतापनारायण मिश्र तथा राधाकृष्णदास नाम लिये जाते हैं। प्रतापनारायण मिश्र ने 'गौ-संकट', 'कलि प्रभाव', 'जुआरी-ख्वारी' और 'हम्मीर हठ' नामक चार नाटक लिखे। राधाकृष्णदास ने महारानी पद्मावती, महाराणा प्रताप, 'दुःखिनी बाला' आदि नाटकों का निर्माण किया। इसके अतिरिक्त लाला श्रीनिवासदास ने 'रणधीर प्रेममोहिनी', 'संयोगिता स्वयंवर', 'तप्ता संवरण' आदि; बदरीनारायण चौधरी 'प्रेमघन' ने 'भारत-सौभाग्य'; बाबू गोपालचन्द्र ने बूढ़े मुँह मुँहासे लोग चले तमाशे; बाबू केशवदास ने 'सज्जाद सम्बल', 'शमशाद सौसन', गजाधर भट्ट ने 'मृच्छकटिक', अम्बिकादत्त व्यास ने लतिका, बालकृष्ण भट्ट ने 'दमयन्ती स्वयंवर', 'वेणी संहार', 'जैसा काम वैसा परिणाम', 'शिक्षादान' आदि नाटकों की रचना की। भारतेन्दु-युग में कुछ नाटककारों ने 'रामलीला' को वर्ण्य विषय के रूप में चुनकर नाटकों की रचना की है। उनमें देवकीनन्दनकृत 'सीताहरण' और 'रामलीला'; बलदेवजीकृत रामलीला विजय; दामोदर सप्रेकृत रामलीला के सात नाटक,; 'बन्दीजनकृत सीताहरण' और 'सीता स्वयंवर' तथा ज्वालाप्रसाद मिश्रकृत सीता वनवास एवं रामलीला रामायण ऐसे ही नाटक हैं। इस युग में कृष्णलीला को भी आधार बनाकर नाटकों का प्रणयन किया गया। यथा—'कृष्ण-सुदामा', 'ऊषा हरण', 'रुक्मिणी परिणय', 'प्रद्युम्न विजय', 'द्रौपदी चीरहरण' आदि। इसके अतिरिक्त ध्रुव तपस्या, अभिमन्यु वध—जैसे नाटक भी लिखे गये।

भारतेन्दु युग में संस्कृत, अंग्रेजी एवं बाँग्ला नाटकों का अनुवाद भी हुआ। लाला सीताराम और राधाकृष्ण वर्मा का नाम इस दिशा में उल्लेखनीय है। लाला सीताराम ने भवभूति, कालिदास एवं शूद्रक के नाटकों का तथा राधाकृष्ण वर्मा ने बाँग्ला नाटकों-राजा किशोर डेकृत 'पद्मावती', द्वारिकानाथ गांगुलीकृत 'वीर नारी' और मधुसूदनदत्तकृत 'कृष्णमुरारी' का अनुवाद किया। अंग्रेजी नाटकों में सबसे अधिक अनुवाद शेक्सपीयर के नाटकों का हुआ। यथा–भारतेन्दु हरिश्चन्द्र ने 'मर्चेण्ट ऑफ वेनिस का 'दुर्लभ बन्धु' नाम से; रत्नचन्द्र ने 'कामेडी ऑफ एरर्स'

का 'भ्रमजालक' नाम से; मथुराप्रसाद उपाध्याय ने 'मैकबेथ' का 'सहसेंद्र साहस' नाम से अनुवाद किया। इनके अतिरिक्त 'गोपीनाथ', 'लाल साहब' आदि के भी अनूदित काल में रचे गये।

द्वितीय उत्थानकाल : द्विवेदी युग में हिन्दी नाट्य-साहित्य की परम्परा भारतेन्दु के पीछे नाटकों की परम्परा कुछ क्षीण रूप से प्रवहमान हुई। द्विवेदी युग में मौलिक और अनूदित दोनों प्रकार के नाटकों की रचना हुई, फिर भी अनूदित नाटकों की बहुलता है। वस्तुत: द्विवेदी युग में भाषा परिमार्जन एवं गद्य शैली का विकास ही अधिक हुआ, नाटक आदि की रचना की ओर लोगों का ध्यान नहीं गया। वस्तुत: इस युग के मौलिक नाटकों में ऐतिहासिक और पौराणिक नाटकों का प्राधान्य है और सामाजिक जीवन के विविध अंगों एवं समस्याओं को लेकर रचे जाने वाले नाटकों का अभाव है। ऐतिहासिक विषय-वस्तु को लेकर चलने वाले नाटकों में जगन्नाथप्रसाद चतुर्वेदी का 'तुलसीदास', वियोगी हरि का 'प्रबुद्ध यामुने', मिश्रबन्धु का 'शिवाजी' आदि प्रमुख हैं। सामाजिक विषयों पर कुछ व्यंग्यमूलक प्रहसनों की रचना हुई जिनमें जीवन की विसंगतियों एवं नवीन वातावरण (पाश्चात्य संस्कृति का प्रभाव) के प्रति व्यंग्य है। बद्रीनाथ भट्ट के 'विवाह विज्ञापन' में पाश्चात्य ढंग की कृत्रिम साजसज्जा पर व्यंग्य है। पं. बलदेवप्रसाद मिश्र ने 'लल्लाबाबू' में समाज की असंगतियों का एक चित्र प्रस्तुत किया है। जी.पी. श्रीवास्तव के कुछ प्रहसन भी निकले किन्तु वे उच्चकोटि की नाट्यकला का परिचय नहीं देते। इस युग में पौराणिक कथाओं के आधार पर थियेट्रिकल ढंग के नाटक भी बने। ये नाटक उर्दू में ही लिखे जाते थे और केवल 'तमाशा' एवं स्वाँग रूप में थे। इनमें साहित्य और कला दोनों की मिट्टी पलीत थी। इन कम्पनियों में हिन्दी के नाटकों का प्रवेश कराने वाले पं. नारायणप्रसाद 'बेताव' ने 'महाभारत' नाटक लिखा जिसने जनता की रुचि को उर्दू नाटकों से हिन्दी की ओर मोड़ा। इसी प्रकार के नाटककारों में पं. राधेश्याम कथावाचक तथा पं. हरिकृष्ण जौहर की गणना है। इन्होंने भी अभिमन्यु इत्यादि के पौराणिक विषय को लिया। राधेश्याम के 'वीर अभिमन्यु' नाटक में पौराणिक विषय लेकर आधुनिक समाज का दृश्य अंकित करने का सुन्दर प्रयत्न है। पौराणिक विषयों कुछ साहित्यकारों ने भी मौलिक नाटकों की रचना की। जैसे अयोध्यासिंह उपाध्याय का 'रुक्मिणी परिणय', 'प्रद्युम्न विजय'; पं. ज्वालाप्रसाद का 'सीता वनवास', बलदेवप्रसाद मिश्र का 'प्रभास मिलन', 'मीराबाई', बाबू शिवनन्दन सहाय का 'सुदामा' आदि। पूर्णतया कल्पित कथावस्तु को लेकर चलने वाला राय देवीप्रसाद का 'चन्द्रकला भानुकुमार' नाटक मध्ययुगीन दरबारी संस्कृति को दर्शाता है।

अनूदित नाटक : अब इस युग के अनूदित नाटकों की भी चर्चा कर ली जाये। इस युग में संस्कृत की अपेक्षा अंग्रेजी और बाँग्ला के नाटकों के अधिक 'अनुवाद' हुए। बाँग्ला के उत्कृष्ट नाटकों का अनुवाद करने वाले पं. रूपनारायण पाण्डेय, अंग्रेजी के शेक्सपीयर के नाटकों का अनुवाद करने वाले पुरोहित गोपीनाथ तथा संस्कृत नाटकों का अनुवाद करने वाले लाला सीताराम प्रसिद्ध हैं। पं. सत्यनारायण कविरल ने भवभूति के 'उत्तररामचरित' और मालतीमाधव का बड़ी सरस और साहित्यिक भाषा में अनुवाद किया।

द्विवेदी-युग के नाटकों की शैली में प्राय: पूर्ववर्ती नाटकों की परम्परा चलती रही और प्राय: उन्हीं प्रवृत्तियों का विकास हुआ। हाँ, नाटकों में पद्य की भाषा धीरे-धीरे खड़ीबोली होने लगी और पाश्चात्य तथा बाँग्ला प्रभाव से पद्य का प्राधान्य हटने लगा। गद्य की भाषा बड़ी साफ-सुथरी एवं तत्सम प्रधान होने लगी।

उत्थानकाल-प्रसाद युग : हिन्दी नाट्य साहित्य का पूर्ण विकास तृतीय उत्थानकाल में या जयशंकर प्रसाद के इस क्षेत्र में आगमन से हुआ। नाटक के क्षेत्र में नवीन शैली के या यों कहें कि हिन्दी की अपनी मौलिक शैली के जन्मदाता प्रसाद हैं। उन्होंने एक नवीन नाट्य-शैली को जन्म देकर आगे के नाटककारों का मार्ग-दर्शन किया। प्रसाद ने हिन्दी नाट्य-साहित्य का पूर्ण परिपाक करके उसे चरमोन्नति की सीढ़ी पर पहुँचा दिया। हिन्दी-नाट्य-साहित्य का यह विकास काल 'प्रसाद युग' के नाम से प्रसिद्ध है।

प्रसाद की नाट्यकला में इतिहास एवं कल्पना का समन्वय तो हुआ ही है। साथ ही भारतीय एवं पाश्चात्य नाट्य शैली का समन्वित प्रभाव भी देखा जा सकता है। प्रसादजी ने जहाँ भी कोई उपयोगी तत्त्व देखा, उसे स्वाभाविक रूप से नि:संकोच ग्रहण कर लिया, किन्तु अन्धानुकरण नहीं किया है। उन्होंने हिन्दू संस्कृति के श्रेष्ठ तत्त्वों की अभिव्यक्ति नाटकों के माध्यम से की है। प्रसादजी ने स्वयं लिखा है कि "इतिहास का अनुशीलन किसी भी जाति को अपना आदर्श संगठित करने के लिए अत्यन्त लाभदायक होता है...मेरी इच्छा भारतीय इतिहास के अप्रकाशित अंश में से उन प्रकाण्ड घटनाओं का दिग्दर्शन कराने की है जिन्होंने हमारी वर्तमान स्थिति को बनाने का प्रयत्न किया है।"

प्रसादजी द्वारा प्रणीत नाटकों में 'स्कन्दगुप्त', 'अजातशत्रु', 'चन्द्रगुप्त', 'ध्रुवस्वामिनी', 'विशाख', 'कामना', 'जनमेजय का नागयज्ञ', 'राजश्री', 'सज्जन', 'करुणालय', 'प्रायश्चित्त' और 'एक घूँट' हैं। ये सभी नाटक सांस्कृतिक एवं साहित्यिक दृष्टि से अपना महत्त्व रखते हैं। उनमें सर्वत्र राष्ट्रीय चेतना विद्यमान है।

प्रसाद-युग के अन्य प्रमुख नाटककारों में गोविन्दवल्लभ पन्त, जी.पी. श्रीवास्तव, जगन्नाथ प्रसाद, प्रेमचन्द, गोपालराम गहमरी, सुदर्शन, बेताब, बेचन शर्मा 'उग्र', राधेश्याम कथावाचक आदि हैं। इस काल के नाटकों में पौराणिक, ऐतिहासिक, सामाजिक, सांस्कृतिक एवं हास्य प्रधान विषयों का समावेश हुआ है। डॉ. कमलिनी मेहता ने लिखा है कि "प्रसाद के समसामयिक नाटककारों ने भी मुख्यत: इतिहास और पुराण को अपना विषय बनाया। इनमें उल्लेखनीय हैं—सुदर्शन का 'दयानन्द', बलदेवप्रसाद मिश्र का 'मीराँबाई', उग्र का 'महात्मा ईसा', प्रेमचन्द का 'कर्बला', बद्रीनाथ भट्ट का 'दुर्गावती', मिलिन्द का 'प्रताप प्रतिज्ञा', वियोगी हरि का 'प्रबुद्ध यमुना', उदयशंकर भट्ट का 'चन्द्रगुप्त मौर्य' और विक्रमादित्य, गोविन्ददास का 'हर्ष'। ये सभी ऐतिहासिक हैं। मैथिलीशरण के 'तिलोत्तमा', 'चन्द्रहास' और 'अनघ', कौशिक का 'भीष्म', बद्रीनाथ भट्ट का 'बेनचरित्र', मिश्रबन्धुओं के 'पूर्वभारत' और 'उत्तरभारत', सुदर्शन का 'अंजना' तथा गोविन्दवल्लभ पन्त का 'वरमाला' पौराणिक नाटक हैं।

ऐतिहासिक नाटककार : प्रसादजी के बाद ऐतिहासिक नाटककारों में हरिकृष्ण प्रेमी, उग्र, गोविन्दवल्लभ पन्त, उदयशंकर भट्ट और सेठ गोविन्ददास प्रमुख हैं। इन लेखकों ने इस क्षेत्र में नवीन शैली का विकास किया है। इनमें प्रेमीजी का 'रक्षा बन्धन', उग्र का 'महात्मा ईसा' और सेठ गोविन्ददास का 'हर्ष' विशेष प्रसिद्ध हुआ।

पौराणिक नाटककार : पौराणिक नाटकों के क्षेत्र में भी नवीन शैली-विधान दिखाई पड़ता है। इस नवीन शैली-विधान का संयोजन करने वालों में सुदर्शन, माखनलाल चतुर्वेदी और उदयशंकर भट्ट प्रमुख हैं। सामाजिक नाटकों का सृजन करने वालों में सेठ गोविन्ददास और उदयशंकर भट्ट विशेष रूप से उल्लेखनीय हैं। उदयशंकर भट्ट ने पौराणिक प्रसंगों के आधार पर सुन्दर गीति नाटकों की ('विश्वामित्र', 'मत्स्यगन्धा', 'राधा') रचना करके अपनी प्रतिभा का परिचय दिया है।

प्रो. एन. शशिधरन

प्रो. एन. शाशिधरन केरल में एक साहित्यिक आलोचक, नाटककार और पटकथा लेखक हैं। के.पी. अप्पन, नरेंद्र प्रसाद आदि की पीढ़ी के बाद आलोचना के क्षेत्र में आधुनिकता के विचारों का पालन किया। बाद में मार्क्सवादी विचारधारा और उत्तर आधुनिक दृष्टिकोणों का प्रभाव प्रकट होने लगा। उनका जन्म कन्नूर,

जिले के कुट्टियाटूर में हुआ। उन्होंने कासरगोड के एल.पी. स्कूल में शिक्षक के रूप में काम किया था। यह वह समय था जब उन्होंने साहित्यिक विषयों पर समय-समय पर लघुकथाएँ लिखकर अपने साहित्यिक जीवन के शुरुआत की। लघु कथाओं के पुनरुद्धार की जाँच करने वाले निबन्धों से वे नामी बन गये। अस्तित्ववादियों के बाद आने वाले पीढ़ी के बारे में लिखे गये निबन्धों को 'कथा कालमपोले' नाम से संकलित और प्रकाशित किया गया था। भाषायी और वैचारिक प्रदूषण के कारण इस ओर साहित्यकारों के दृष्टि न पड़ी।

प्रगतिशील साहित्यिक आन्दोलन के साथ उनके जुड़ाव और मुख्यधारा की मार्क्सवादी राजनीती से निकदाता उन्हें प्रसिद्ध बना दिया। उत्तर आधुनिकता के साथ नव-मार्क्सवादी दृष्टिकोणों को मिलाने के लिए आलोचना की गयी।

प्रमुख नाटक : 'चरित्रगाथा', 'कलि', 'उष्णकाल', 'वाणिभम्', 'उडम्पडिक्कोलम', 'केलु' (ई.पी. राजगोपालन से मिलके), 'अडुक्कला', 'रावणकोट्टा', 'हिंसाटनम', 'एकान्तता', 'पच्चप्लाविला', 'जीवचारित्रम्', 'जातिभेदम्', 'कुट्टिकलुड़े वीडु' (बाल नाटक) आदि।

केलु नाटक : एक परिचर्चा

नाटक की शुरुआत 1997 में केलुनायार मेमोरियल ट्रस्ट की कार्यकारी समिति की बैठक के साथ हुई। के. माधवन और छह अन्य नाटककार वहाँ इकट्‌ठा होते हैं। वे केलुनायारों के बारे में एक नाटक लिखने और उन्हें प्रस्तुत करने का निर्णय लेते हैं। बालाकृष्णन नाम्बियार का स्वयं मत है कि वे केलुनायार के बारे में एक नाटक के योग्य हैं। बालाकृष्णन नाम्बियार का कहना है कि उन्हें इस बात की चिन्ता है कि क्या केलुनायार को एक चरित्र में बनाया जा सकता है लेकिन सबके कहने पर वह इसके लिए तैयार हो गया।

बालाकृष्णन नाम्बियार मुश्किल में हैं क्योंकि जब दृश्य अँधेरा हो जाता है तब वे नाटक को पूरा करने में असमर्थ होते हैं। केलुनायार वहाँ लाल रेशम में लिपटा हुआ दिखाई देता है। बालाकृष्णन चौंकाने वाले हैं। मैं अखाड़े में पहुँचने वाला पहला व्यक्ति था। केलुनायार पूछता है कि क्या उसे सन्देह है। मैं केवल व्यक्ति और कर्म के बीच के संघर्ष को अपना समझ सकता हूँ। केलुनायार का कहना है कि यह उचित है कि यह विरोधाभास बालकृष्णन के नाटक का आधार होना चाहिए। बालकृष्णन ने केलुनायार को आश्वासन दिया कि यह एक ऐतिहासिक नाटक नहीं होगा। यह पूछे जाने पर कि क्या अब उन्हें अपनी जान लेने का दुख है, केलुनायार ने कहा नहीं।

श्रोताओं के बीच में था जब केलुनायार का खदारुद पहने हुए भाषण दिया गया था, क्योंकि प्रकाश गहरा गया था। कन्नन नायर, के.टी. भीड़ में कुन्हीरामन नाम्बियार और अन्य लोग हैं। केलुनायार खदारुद पहनने और शीमा की मिल्टुनी त्यागने का उपदेश देते हैं।

दृश्य को फिर से साबित करते हुए, पोस्टरों में गांधीजी को नीलेश्वरम आते हुए दिखाया गया है और इसी तरह गांधीजी के एक सहयोगी छोटेलाल भट वहाँ आते हैं। कन्नन नायर से बात करते हैं। भट ने बताया कि गांधीजी नीलेश्वरम नहीं आ रहे हैं और उन्हें मिलने के लिए कसागोड या मैंगलोर जाना होगा। हालाँकि कन्नन नायर और केलुनायार निराश हैं, वे अगले दिन गांधीजी से मिलने के लिए यात्रा की तैयारी करते हैं। एक पोस्ट को पढ़ने के बाद, उदास केलुनायार की आकृति दिखाई देती है।

एक स्कूल में ब्रिटिश साम्राज्य की प्रशंसा में प्रार्थना की जा रही है। कन्नन नायर ऐसी प्रार्थनाओं को रोकना चाहते हैं। केलुनायार, कन्नन नायर और कुंजीरा मन नाम्बियार इस निष्कर्ष पर पहुँचे कि राष्ट्रीय विद्यालयों में भी ऐसा ही हो रहा है। कन्नन नायर का कहना है कि राष्ट्रीय विद्यालयों के मॉडल पर एक विद्यालय शुरू किया जाना चाहिए। वे उस फैसले पर कायम हैं। विद्यालय का नाम विज्ञानदायिनी है। केलुनायार का कहना है कि उस स्कूल में सैपेंस की प्रशंसा करने वाले गीत नहीं हैं, इसके बजाय उन्हें मातृभूमि को याद रखना चाहिए।

अगले दृश्य में केलुनायार और मीनाक्षी की शादी हो गयी। केलुनायार खदारुद पहनकर शादी के मण्डप में पहुँचे। वे अदानारा त्रि में नाटक, स्वतन्त्रता और क़दर के बारे में बात करते हैं। केलुनायार ने मीनाक्षी से कहा कि महिलाओं को घर के अन्दर ही नहीं रहना चाहिए और उन्हें बाहर भी जाना चाहिए और कुंजीकृष्णन नाम्बियार की पत्नी माधविया की तरह काम करना चाहिए और उपदेश देने, सूत कातने और जत्था बुलाने के लिए तैयार रहना चाहिए। मीनाक्षी वादा करती है कि जब वह कहती है कि उसका जीवन राज्य के लिए काम करना है तो वह केलुनायार के खिलाफ खड़ी नहीं होगी।

रंगथ पक्कानार चरितम नामक नाटक। प्रस्तुत है उस समय का ऐथाचा रानम। मीनाक्षी के पिता भीमन नायर गांधी और कांग्रेस की आलोचना करते हैं। भरमन नायर को केलुनायार का नाटक, कविता और सामाजिक कार्य पसन्द नहीं है। वह केलुनायार को चेतावनी देता है कि इस घर में ऐसा कुछ भी नहीं होगा। जब मैं कहता हूँ कि मैंने कुछ भी गलत नहीं किया है तो भरमन नायर कहते हैं कि ऐसा स्कूल

बनाना गलत था जहाँ नायर और पुलायार एक साथ पढ़ाये जाते हों। जब डर्मन नायर पूछते हैं कि क्या वह चार या तीन पैर बना सकते हैं, तो केलुनायार जवाब देते हैं कि उन्हें स्वतन्त्र भारत द्वारा भुगतान किया जा रहा है।

केलुनायार, जो नाटक के मंच के पीछे अभिनेताओं से बात कर रहे हैं, जैसे ही रोशनी आती है। वे कांग्रेस के फंड से कर्ज चुकाने की सलाह देते हैं। आप उसके लिए तैयारी नहीं कर सकते। मीनाक्षी, जो नाटक देखने आयी थी। उसका साथ उसका बेटा दामुवी भी है। बच्चा अस्वस्थ होने का नाटक करता है। मीनाक्षी को पता चलता है कि उसके पास कल बच्चे को डॉक्टर के पास ले जाने के लिए भी पैसे नहीं हैं। डर्मन नायर वहाँ आता है। वह नाटक, साहित्य और केलुनायारों को समान रूप से गाली देता है। वह जबरन मीनाक्षी को वहाँ से ले जाता है। नाटक में केलुनायार की हँसी रुदन में बदल जाती है। वह यहाँ भ्रमित हो जाता है। अभिनेता इसे बेबसी से देखते हैं।

प्रकाश चमकते ही चार विदवान केलू से मुकाबला करने आ गये। जब उन्होंने श्लोक का पाठ किया, तब केलू, जिसे 'म' अक्षर के साथ सुनाया जाना चाहिए, केवल 'मृत्यु' कह सकता था और इसे सुनकर विद्वान चौंक गये। अँधेरा पसर जाता है।

मूसलाधार बारिश में अखाड़ा बिजली से जगमगाता है और पाकनार की मूर्ति को पकड़कर हिंसक तरीके से रगड़ा जाता है। प्रतिमा प्रतिमा से कहती है कि तुम भी निक्केई थे। यह कहते हुए कि मैं तुम्हें नहीं छोड़ सकता, केलुनायारा ने बिना जाने ही गले लगा लिया। वह मूर्ति की आँखों को खरोंचता है और अन्य हिस्सों में अब मूर्ति सिर्फ गन्दगी का ढेर है। उसने मूर्ति को पकड़ा और फूट-फूट कर रोने लगा। यह पकनारे के हाथ में है, मेरे पकनारे।

जैसे ही पर्दा उठता है कैकेयी और दशरथ नाटक 'पादुपट्टाभिषेकम' से एक क्षण का अभिनय किया जाता है।

तभी अखाड़े में रोशनी चली जाती है। मानो दशरथ के तनाव और शोक का आह्वान करते हुए, अविला पैकेज खोलती है और उसे एक साथ निगल जाती है। पेय जल बक्सा जोर से खड़खड़ाहट के साथ गिरता है। मौत को खींचने के लिए सीधा खींच रहा है। एक लम्बी चुप्पी।

'कुंजिकेलु कटुप्पा के!', 'केतन गो!', 'केलुमाश पाइचे!' और इसी तरह। कन्नन नायर और अन्य दौड़ते हुए आते हैं और नाड़ी को देखते हैं। हर कोई जमीन

पर है। उसके पीछे, चारक खुद को चारों ओर घूमता है, दयनीय आवाज में रोता है। रोशनी धीरे-धीरे फीकी पड़ जाती है।

जब प्रकाश आता है, तब वह मातृभूमि समाचार पत्र में केलुनायारों के बारे में मृत्युलेख पढ़ता और सुनता है। उसके बाद, कोटिपुताचा केलुनायार एक प्रवाह की तरह आता है। 'स्मारिप्पिन भरथियारे' गाने की धुन।

भीष्म साहनी

मानव जीवन स्वयं एक नाटक है। जिसमें पात्र मिलते बिछुड़ते रहते हैं... और कभी-कभी लगता है कि पटाक्षेप होने ही वाला है, परन्तु होता नहीं, कोई दुर्दान्त इच्छा अदृश्य की ओर सतत् धकेलती रहती है। 'और आगे क्या है।' यही जीवन का आकर्षण है और किसी रचना का भी।

भीष्म साहनी एक सचेत कथाकार हैं। उन्होंने अपना परिवेश ही साहित्य के लिए चुना। वे एक सफल प्रयोगधर्मी नाटककार हैं। 'हानूश' में चेकोस्लोवाकिया की राजधानी प्राग की सुनी-सुनायी घटना है। 'कबिरा खड़ा बाजार में', 'रंग दे बसन्ती चोला' और 'आलमगीर' ये तीन नाटक ऐतिहासिक हैं। उन्होंने रूसी साहित्य से प्रभावित होकर 'फूजीयामा' का अनुवाद किया है। 'माधवी' में पौराणिक मिथक पर प्रकाश डालते हुए आधुनिक नारी की मानसिकता का चित्रण किया गया है। 'मुआवजे भारतीय सामाजिकता पर व्यंग्य करता है। साहनी ने व्यक्तिगत इच्छाओं और कुण्ठाओं, स्त्री-पुरुष के जटिल सम्बन्धों और टूटते रिश्तों को लेकर नाट्य रचना की है भीष्म साहनी ने कथा के परिप्रेक्ष्य में एक पूरा समाज रखकर अपने नाटकों की निर्मिति की है। प्रगतिशील चेतना सम्पन्न, समाजाभिमुख साहित्य सृजन करने वाले, साठोत्तर हिन्दी साहित्यकारों में अपना एक अलग स्थान रखने वाले भीष्म साहनी जी राष्ट्रीय और अन्तर्राष्ट्रीय सन्दर्भ में समाजवाद को प्रस्तुत करना चाहते हैं और राजनीतिक चेतना से सम्पन्न साहित्य का सृजन करते हैं।

भीष्म साहनी का जन्म 8 अगस्त, 1915 को रावलपिण्डी (अब पाकिस्तान में) के छाछी मुहल्ले में एक सामान्य मध्यवर्गीय परिवार में हुआ। साहनीजी के पूर्वज पंजाब के हैं।

भीष्मजी के जीवन को देखने से पता लगता है कि बचपन से मध्यवर्गीय जीवन की सुविधाओं को और संघर्ष को उन्होंने भोगा। साहित्यिक वातावरण ने उनके अन्दर छिपे साहित्यकार को और बड़े भैया के अभिनय ने उनके अन्दर छिपे नाटककार को प्रेरणा तथा प्रोत्साहन प्रदान किया। भीष्म जी के व्यक्तित्व के पहलुओं

पर प्रकाश डालते हुए राजकुमार राकेश जी ने लिखा है—"हिन्दी कथा साहित्य में भीष्म साहनी की उपस्थिति भीष्म पितामह की तरह है। पचासी साल की आयु में उनकी सक्रियता देखकर उनके पास साहित्यिक इच्छा मृत्यु के वरदान की पुष्टि होती है। मीडियाई चकाचौंध, आत्मप्रचार और सस्ती लोकप्रियता पाकर चर्चित रहने की नकारात्मक प्रवृत्ति से एकदम अपनी उपस्थिति शान्ति-शालीन पितामह की तरह ही है, जो अपनी रचनाशीलता और कुण्ठाओं को द्वन्द्व में ही जीता है और बहुधा हारता भी है। वह भली-भाँति जानता है कि अन्ततः उसे हारना है, फिर भी वह जीतने के लिए कर्म की दिशा में ही प्रवृत्त है, एक सीधे-सच्चे कर्मयोगी की तरह। अपना कर्मक्षेत्र उसके लिए जंगे मैदान हैं, जहाँ दिमाग में बुलबुले उठते हैं। लोहा लेने के लिए दिल मचलता है। जहाँ मर मिटने का जुनून रहता है। वहाँ उसका कर्मक्षेत्र है।

साहनी जी के प्रमुख नाटक ये हैं—'हानूश', 'कबीरा खड़ा बाजार में', 'माधवी', 'मुआवजे', 'रंग दे बसन्ती चोला', 'फ्यूजियामा', और 'आलमगीर'।

रंग दे बसन्ती चोला

भीष्म साहनी के पाँचवें नाटक 'रंगे दे बसन्ती चोला' में तीन अंक हैं। पहले अंक में दो, दूसरे अंक में तीन और तीसरे अंक में पाँच दृश्य विद्यमान हैं। इस नाटक का विषय अब तक के नाटकों से अलग दिखाई देता है। एक ऐतिहासिक घटना जलियाँवाला बाग हत्याकाण्ड, को आधार बनाकर इस नाटक का निर्माण किया गया है। इसमें पंजाब की तत्कालीन स्थिति, जलसों पर लगायी गयी पाबन्दी और बैसाखी पर्व का वर्णन मिलता है।

पंजाब के जलियाँवाला बाग में हो रहे अंग्रेज सरकार विरोधी जलसों को रोकने के काफी प्रयास किये जाते हैं लेकिन शासक सफल नहीं होते। अंग्रेज शासक नेताओं को पकड़कर शहर से बाहर निकालने के लिए उन्हें बुलाते हैं लेकिन वे जुलूस की शक्ल में आते हैं और गोलीबारी हो जाती है। हथियारबन्द पुलिसकर्मी वहाँ पहले से तैनात होते हैं। इसकी प्रतिक्रिया में दंगे भड़क उठते हैं। इशरो, रतनदेवी, हेमराज, किशना आदि इसके महत्त्वपूर्ण पात्र हैं। हेमराज जख्मी मेम को उठा लाता है, तो उसी पर इल्जाम लगाकर उसे ले जाया जाता है। साथ में छोटे किशना को भी जुलूस का संचालन करने के जुर्म में वे ले जाते हैं।

जनरल ड्रायर जब आ जाता है तब वह जलसों पर पाबन्दी लगाता है। फिर भी किशना जलसे की मुनादी करता है। बैसाखी के दिन जलसे में चल रहे 'रंग

दे बसन्ती चोला' गीत पर रतनदेवी के घर में सभी खुशी मना रहे हैं, नाच रहे हैं कि जनरल डायर जालियाँवाला बाग में चल रहे जलसे के पास पहुँचकर गोलियाँ चलवाता है। इसमें रतन के पति और किशना इन दोनों का देहान्त हो जाता है। अन्त में जनरल डायर को अपने अन्त मृत्यु तक नींद नहीं आती और वह आत्म प्रताड़ना करता हुआ आठ साल बाद मर जाता है, इसका वर्णन किया गया है। जनरल डायर की आत्मा को कोसना मानो हर एक भारतीय का कोसना प्रतीत होता है। जनरल डायर कई बीमारियों से पीड़ित होकर मर जाता है। फिर असली मुजरिम माइकल ओड्वायर की हत्या ऊधमसिंह करते हैं और फर्ज के नाम पर हँसते-हँसते फाँसी चढ़ जाते है।

वैसे तो यह एक ऐतिहासिक घटना के आधार पर लिखा गया नाटक है। इस नाटक में दो परिवारों को केन्द्र में रखते हुए पूरे पंजाब के तत्कालीन वातावरण को अंकित करने में भीष्म साहनीजी को सफलता मिली है। एक ही मंच पर दो परिवारों को दिखाया गया है। जालियावाला बाग हत्याकाण्ड के दृश्य को इतना प्रत्यक्ष कर दिया गया है कि दिल दहल उठता है। स्वयं एक पंजाबी होने के नाते भीष्म साहनी पंजाब, वहाँ के रस्म-रिवाज, त्योहार, पर्व आदि के बारे में पूरी जानकारी रखते हैं, उसका फायदा उन्होंने उठाया है। इसी कारण सभी दृश्य जीवन्त होकर हमारे सामने प्रस्तुत होते हैं। ऐसा प्रतीत होता है कि ये सारे दृश्य हमारे सामने किसी चलचित्र के समान चल रहे हैं। पाठक उसके साथ अत्यन्त तादात्म्य प्राप्त करता है। शब्दों में इतनी भावुकता है कि अन्त तक आते-आते पाठक रो देता है। वैसाखी के पर्व का वर्णन भी इतना सुन्दर हुआ है कि पाठक स्वयं भी उस रंग में रंग जाता है। जनरल डायर का अन्त पढ़कर पाठकों को खुशी होती है और ओड्वायर का अन्त जब ऊधमसिंह करता है, तब उसी के समान कुर्बानी के लिए हर कोई तैयार हो जाता है।

भीष्म साहनीजी ने इस नाटक में पात्रों का और दृश्यों का, अंकों का संगठन अत्यन्त कुशलता से किया है। उन्होंने इसमें अनेक बार मंचन के लिए हिदायतें दी हैं। इसी कारण इसका मंचन सुविधापूर्वक हो सका है। अंग्रेजों का प्रशासन, उनकी दोहरी नीति, शासन के लिए कुछ भी करने की वृत्ति, हिन्दू, मुसलमानों में फूट डालने की नीति आदि अनेक बातों का वर्णन अत्यन्त स्पष्ट रूप में किया गया है। जनरल डायर यद्यपि इसे 'खून का बदला खून' से मानता हो परन्तु उसे पाप का प्रायश्चित करना पड़ता है। डायर की मौत को भी भारतीय दृष्टिकोण-पाप का अन्त से चित्रित करना भीष्म साहनी की विशेषता मानी जा सकती हैं।

भीष्म साहनीजी का यह नाटक उस ऐतिहासिक घटना पर आधारित है कि जो भारतीय स्वाधीनता के आन्दोलन में 'काली' घटना रूप में दिखाई देती है। यह घटना है जालियाँवाला बाग हत्याकाण्ड! इस घटना को दो परिवारों की पृष्ठभूमि में प्रस्तुत किया गया है। अंग्रेज सरकार की हुकूमत के विरोध में होल जल से करने लगते हैं, हड़ताल करने लगते हैं। गांधीजी अहिंसा, असहयोग जैसे आन्दोलन को छेड़ देते हैं जिसके कारण लोगों में जाग्रति आने लगती है लेकिन यह बात अंग्रेजों को यह पसन्द नहीं है। अंग्रेज ऐसे लोगों को काबू में लाने के लिए प्रयत्नशील दिखाई देते है।

गांधीजी ने जो असहयोग आन्दोलन शुरू किया और उसके अन्तर्गत 'काला इतवार' मनाने की योजना शुरू की, उसके प्रति माइकल ओड्वायर जब सुनता है, तब उसे यह बात अच्छी लगती है कि रौलेट बिल पास हो गया। शहर में अमन-शान्ति बनाये रखने की सलाह देने वाले ये अंग्रेज खुद ही उसे बिगाड़ने का कार्य भी करते हैं। वे उन सभी क्रान्तिकारियों को ठीक उसी प्रकार से कुचल डालना चाहते हैं, जैसे विदेशी दुश्मनों को जंग में कुचल डाला जाता था। अंग्रेज अधिकारियों के भाषणों से अंग्रेजों की स्वार्थ-नीति, फोड़ो और राज करो की नीति आदि का पता चलता है। अंग्रेजों को जैसे ही पता चलता है कि गांधी रेलगाड़ी से पंजाब अमृतसर की ओर निकल पड़े हैं, तो उन्हें काफी परेशानी होती है। ये यहाँ क्यों आ रहा है? इर्विंग खुद कहता है—

"इर्विंग हमें सरकार चलाना है। सरकार को बदनाम करने और लोगों को भड़काने की हर कोशिश को हम नाकाम करेंगे।"

इशरो और रतनदेवी की बातचीत से पता चलता है कि, उन दोनों के भी पति जलियाँवाला बाग में जलसों में शरीक होने के लिए जाते हैं। लगभग सभी पंजाबियों का भी यही हाल होता है। किशना इशरो का लड़का है।

भारत में उस समय दो प्रकार के गुट थे। पक्ष जो बम आदि बनवाने पर बल देता है और मवाल पक्ष जो चरखे आदि के असहयोग, अहिंसा से स्वाधीनता प्राप्त करना चाहता है। इसी कारण सरदार और हेमराज में बहस भी हो जाती है। रतनदेवी की गली में एक अंग्रेज औरत को पत्थर मार-मारकर लहूलुहान कर दिया जाता है। उसे हेमराज उठाकर लाता है। उसकी मरहमपट्टी करता है। इशरो के घरवाले के भी पाँव में गोली लग जाती है, लेकिन गलतफहमी में हेमराज को ही कैद कर लिया जाता है। अन्त में जनरल डायर की आत्मा के उसे कोसना, मानो हर एक भारतीय का उसे कोसना प्रतीत होता है। डायर अनेक बीमारियों के कारण मर जाता है। यहाँ भारतीयों की विचारधारा के मिथक का प्रस्तुतीकरण दिखाई देता है कि पाप का अन्त नरक में।

दलित साहित्य : हिन्दी-मलयालम में

दलित के अर्थ में विभिन्न शब्द प्रयुक्त हैं। इनमें 'अछूत', 'हरिजन', 'अनुसूचित जाति' भारतीय समाज परम्परागत हिन्दू सामाजिक संगठन से विकसित हुआ है। हिन्दू सामाजिक प्रणाली में वर्णव्यवस्था बेबुनियाद एवं भेदभावयुक्त थी। द्विज एवं शूद्र वर्ण के मध्य पवित्रता एवं अपवित्रता के आधार पर सामाजिक, सांस्कृतिक, धार्मिक, राजनीतिक एवं आर्थिक भेदभाव ने जाति प्रणाली को जन्म दिया। शूद्र वर्ण से सम्बन्धित जातियों सदियों से वंचित एवं पिछड़ी रही हैं। स्वतन्त्र भारत में इन दलित, वंचित एवं कमजोर वर्गों के कल्याण हेतु अनेक प्रयास किये जा रहे हैं। संवैधानिक भाषा में इन कमजोर वर्गों को अनुसूचित जाति, अनुसूचित जनजाति एवं पिछड़े वर्गों के रूप में अभिव्यक्त किया गया है। अनुसूचित जाति के लोगों को भारतीय समाज में अछूत या वंचित या अस्पृश्य (दलित) कहा जाता है।

बोलचाल की भाषा में अस्पृश्य जातियाँ अछूत कहलाई। अछूत जैसा कि शब्दार्थ से ही प्रकट है। वे जातियाँ हैं, जिनको छूने मात्र से अन्य जातियों का अपवित्र होना माना जाता था।

अछूतों को अंग्रेज बाहरी जातियाँ (Exterior castes) कहते थे। इन्हें बाहरी जातियाँ कहने का अभिप्राय इनको हिन्दू समाज से पृथक मानना था। 1931 की गोल मेज कांफ्रेंस में इन जातियों को हिन्दुओं से अलग घोषित किया गया था। अस्पृश्य जातियाँ दलित वर्ग (Depressed classes) भी कहलायी क्योंकि हिन्दू समाज में उनका बड़ा शोषण हुआ।

1932 में महात्मा गांधी ने अस्पृश्य जातियों को हिन्दू समाज में माने जाने के लिए आन्दोलन किया और पूणे में आमरण अनशन किया। पूना पैक्ट (Poona Pact) से अस्पृश्यों को हिन्दू समाज का अंग मान लिया गया। इसके बाद गांधीजी ने जातियों का उद्धार का बीड़ा उठाया। पहला काम उन्होंने यह किया कि

इन जातियों का नाम बदलकर हरिजन रखा। हरिजन का अर्थ है 'हरिके जन या ईश्वर के लोग'।

सन् 1935 में भारत सरकार ने अस्पृश्य जातियों को कुछ विशेष सुविधाएँ देने के लिए एक अनुसूची तैयार की। इसमें लगभग 429 जातियाँ शामिल थीं, जिनमें 5-6 करोड़ लोग आते थे। सूची में सम्मिलित होने के कारण ये जातियाँ अनुसूचित जातियाँ कहलाने लगीं। अनुसूचित जाति शब्द विशेष रूप से दलितों की लिए प्रयोग किया जाता है। ज्योतिबा फुले, डॉ. अम्बेडकर और दलित पैंथर के आन्दोलन से अनुसूचित जातियों के लिए दलित शब्द लोकप्रिय हुआ। आज-कल दलित शब्द का उपयोग उनके लिए किया जाता है, जिनको आर्थिक-सामाजिक दृष्टि से हाशियेकृत किया गया और जिनको भारतीय संविधान ने अनुसूचित जाति का नामकरण किया है।

दलित कौन है? यह व्यक्त करने का प्रयास कई विद्वानों ने किया है। प्रसिद्ध हिन्दी दलित कवि, कथाकार और आत्मकथाकार डॉ. श्यौराज सिंह बेचैन के विचार में "दलित वह है, जिसे भारतीय संविधान ने अनुसूचित जाति का दर्जा है।"

प्रसिद्ध हिन्दी दलित रचनाकार कँवल भारती की मान्यता है "दलित वह है, जिस पर अस्पृश्यता का नियम लागू किया गया है। जिसे कठोर और गन्दे कार्य करने के लिए बाध्य किया गया है। जिसे शिक्षा ग्रहण करने और स्वतन्त्र व्यवसाय करने से मना किया गया और जिस पर अछूतों ने सामाजिक निर्योग्याताओं की संहिता लागू की वही दलित है और इसके अन्तर्गत वही जातियों आती हैं, जिन्हें अनुसूचित जातियाँ कहा जाता है।"

विख्यात दलित रचनाकार ओमप्रकाश वाल्मीकि ने दलित शब्द की व्याख्या कुछ इस तरह की है—"दलित शब्द उस व्यक्ति के लिए प्रयोग होता है जो सामाजिक व्यवस्था के तहत सबसे निचले पायदान पर है। वर्ण व्यवस्था ने जिसे अछूत या अन्त्यज की श्रेणी में रखा। उसका दलन हुआ शोषण हुआ, इस समूह को ही संविधान में अनुसूचित जातियाँ कहा गया है, जो जन्मना अछूत है।"

दलित समाज के जीवन से जुड़ी रचना को सामान्य रूप से दलित साहित्य कहा जा सकता है। पीड़ित जनता की व्यथा-कथा बनाने वाला यह साहित्य जाति-व्यवस्था को नकारता है। यह साहित्य दबे-कुचले लोगों की वाणी है जिसे विद्रोही एवं संघर्षरत मानव की आत्मवेदना का साहित्य भी कहा जाता है। महादलित साहित्य यथार्थ की अनुभूति पर खरा उतरता है। यह साहित्य आर्थिक, सामाजिक और धार्मिक समता की बात करता है।

ओमप्रकाश वाल्मीकि ने लिखा है कि साहित्य के साथ दलित शब्द के जुड़ते ही उसकी व्यापकता और अधिक कान्ति बोधक हो जाती है। अर्थ और अधिक व्यंजनात्मक होकर साहित्य की भूमिका और सामाजिक उत्तरदायित्वों को और अधिक विशेषित करने की क्षमता हासिल कर लेता है। दलित शब्द विरोध की अभिव्यक्ति का प्रतीक बन जाता है। मानवीय सरोकारों से जुड़कर सामाजिक प्रतिबद्धता स्थापित करता है।

हिन्दी के एक दलित साहित्यकार जमीन का मत यह है कि व्यवस्था से उपजी घोर अमानवीयता, स्वतन्त्रता-समता विरोधी सामाजिक अलगाव की पक्षधर सोच परिवर्तित कर बदलाव की प्रक्रिया तेज करना दलित साहित्य की मूल संवेदना है। डॉ. आम्बेडकर और ज्योतिबा फुले की जीवन-दृष्टि दलित साहित्य की ऊर्जा है। दलित और गैर-दलित, दोनों जीवन को साहित्य में उभरने में सक्षम रहे हैं। प्रसिद्ध दलित साहित्यकार जयप्रकाश कर्दम के अनुसार दलितों द्वारा लिखा गया साहित्य दलित चेतना का साहित्य है और दलितों पर गैर-दलित लेखकों द्वारा लिया साहित्य दलित जीवन का साहित्य है?

हिन्दी लेखक पाण्डेय बेचन शर्मा 'उग्र' से लेकर प्रेमचन्द और आज के दलित सहित दलित पात्रों को विषय बनाकर लिखी गयी रचनाएँ दलित जीवन का साहित्य हैं जो परानुभाव पर आधारित है। ओमप्रकाश वाल्मीकि, जयप्रकाश कर्दम, मोहनदास नैमिशराय, श्यौराज सिंह 'बेचैन', सुशीला टाकभौर जैसे दलित लेखकों द्वारा लिखा गया साहित्य दलित चेतना का साहित्य है। यह साहित्य स्वानुभाव पर आधारित है। परानुभाव और स्वानुभाव पर आधारित दोनों साहित्य का अपना-अपना महत्त्व है।

शरणकुमार लिम्बाले के शब्दों में, "गैर-दलितों के लेखन में सहानुभूति और दया की दृष्टि होती है। हम सहानुभूति और दया नहीं चाहिए, अधिकार चाहिए। हमें मानवतावादी उदार दृष्टीकोण से नफरत है। यह दृष्टिकोण हमारे सदियों के सन्ताप को नजरअन्दाज करता है। हमें यह गैर-दलित सफेदपोश गुण्डा लगता है। गैर-दलितों के साहित्य को दलित साहित्य कहना साहित्यिक व सांस्कृतिक छल और हेरा-फेरी है। यह बात में गैर-दलितों के सन्दर्भ में कह रहा हूँ।"

दलित साहित्य व्यक्ति पर निर्भर रहता है। मैनेजर पाण्डेय ने ज्योतिबा फुले को उद्धृत करते हुए कहा था—"गुलामी की यातना जो सहता है, वही जानता है और जो जानता है, वही पूरा सच कहता है। सचमुच राख ही जानती है, जो अनुभव, कोई और नहीं।"

दलित साहित्य बाबा साहब आम्बेडकर और ज्योतिबा फुले की विचारधारा से प्रभावित है। बौद्ध दर्शन, मार्क्सवादी दर्शन आदि इसके प्रेरणा स्रोत हैं। पुरुषोत्तम सत्यप्रेमी का विचार है कि "दलित साहित्य में प्रज्ञाशील और करुणा आवश्यक है।" कमलेश्वर के शब्दों में "हिन्दी साहित्य में अभी दलित साहित्य की अवधारणा का सवाल ही उठाया जा रहा है। यह एक साजिश है, दुश्चक्र है।" आखिर इस मसले को उलझाया क्यों जा रहा है? सीधा उत्तर है कि नदी है तो पानी है, फिर चाहे वह नदी बारिश में ही दिखाई देती हो। उसी तरह अगर देश में दलित है तो दलित साहित्य भी है, फिर चाहे उसे साहित्य की कसौटी पर कस कर खारिज किया जाये या मंजूर किया जाये।

दलित साहित्य को जानने के लिए यह पहली शर्त है कि दलित जानें, उसके अन्तर्विरोधों और चुनौतियों को जानें। उसकी सामाजिक आर्थिक एवं राजनीतिक जरूरतों को जानें, साथ ही इनको कैसे हासिल किया जाये इसका वैज्ञानिक नजरिया विकसित करें। दलितों को दलित की दृष्टि से देखने के बजाये वैज्ञानिक दृष्टि से देखें।

दलित साहित्य की स्वतन्त्र परम्परा हो, किन्तु वह मुख्यत: साहित्य के तहत ही हो, इससे साहित्य का दायरा बढ़ेगा। दलित साहित्य वस्तुत: वर्चस्व एवं वैषम्य के खिलाफ है। अत: साहित्य की पूरी विरासत के प्रति नकार का भाव अन्तत: वैषम्य को बढ़ायेगा और वैषम्य रहेगा तो वर्चस्व भी रहेगा।

डॉ. निरंजन कुमार का विचार है कि दलित साहित्य वस्तुत: दलित चेतना के गर्भ से पैदा हुआ है। आज हिन्दी में दलित साहित्य तेजी से उभरती हुई एक धारा जिसने पूरे हिन्दी साहित्य के पाठ और समझ को नये सिरे से देखने के लिए मजबूर कर दिया है।

दलित साहित्य प्रतिरोध का साहित्य है। लोकतान्त्रिक और मानवीय मूल्यों की पुन: स्थापना उसके मूल में है। वह सत्ता के शोषण एवं दमनकारी नीति के खिलाफ आवाज उठाता है। दलित साहित्य में लोकभाषा, और लोक शैली का समावेश है। शोषण, अन्याय, अस्पृश्यता, दमन नीति, अमानवीय व्यवहार हाशियाकरण की समस्या, उच्च वर्ग का ढोंग सत्ता की दोयम नीति, इतिहास का पुनर्मूल्यांकन, धार्मिक पाखण्ड अस्तित्व की पहचान, बचाव तथा उत्थान के लिए प्रेरणा, स्वाभिमान से जीवित रहने की माँग, शिक्षा का महत्त्व, अन्याय के खिलाफ लड़ना, अधिकारों के प्रति जागरूक रहने की आवश्यकता, सामाजिक यथार्थ से अवगत कराना, सुधार लाना, सामाजिक बुराइयों पर प्रश्न उठाना आदि दलित साहित्य के मुख्य तत्त्व हैं।

सबसे बढ़कर प्रतिरोध की आवाज बूलन्द करना दलित साहित्य का प्राण तत्त्व समझना चाहिए। दलितों को समाज में व्याप्त गन्दगी को साफ करने का कार्य सौंपा गया था। वास्तव में वर्णव्यवस्था में ही सबसे बड़ी गन्दगी है। इसे मिटाने का नया समतामूलक समाज की स्थापना करना इत्यादि पर पुरजोर प्रयास पूरे जोश के साथ दलित लेखन में हो रहा है।

हिन्दी कविता के हर पड़ाव पर स्त्री अपने स्त्रीत्व को राख में दबी चिनगारी की भाँति उजागर करती रही लेकिन अधिकतर स्त्री-अंकन में कोई खास दम नहीं था। स्त्री की पारम्परिक छवि का पितृसत्तात्मक व्यवस्था द्वारा रचा गया तिलस्म तोड़े नहीं टूट रहा था। ऐसी स्थिति में, इस तिलस्म को तोड़कर स्त्री और उसके अस्तित्व को लेकर जीवन्त बहस की उपस्थिति—जिसे हम 'नारी विमर्श' कह सकते हैं—कविता में लगभग असम्भव थी। किन्तु धीरे-धीरे वैश्विक पटल पर होते बदलावों के परिणामस्वरूप भारत में मी स्त्री-विमर्श की गूँज सुनाई देने लगी। सिमॉन दि बोउवार, जर्मेन गियर हरेक की जबान पर चढ़कर बोलने लगीं। तस्लीमा की कविताएँ आग उगलने लगीं। सारा आक्रोश पुरुषों पर बरसने लगा। गाली-गलौज से कोई परहेज नहीं रहा—

'स्वर्ग लोभ में स्त्री चाटे-खाये
पति चरणों की धूल और कीच
तमाम कानून और कायदे तैयार किये थे
नामवर मर्दों ने।'

आज हिन्दी क्षेत्र में भी दलित साहित्य काफी आगे बढ़ गया है। अगर सच में देखा जाये तो महाराष्ट्र में चलने वाले आन्दोलन से बहुत पहले हिन्दी भाषी क्षेत्रों में 1914 में सरस्वती में छपी हीरा डोम की 'एक अछूत की शिकायत' कविता दलित साहित्य का उद्गम बिन्दु मानी जा सकती है। इसमें कवि अमानुषिक वैमनस्य के बारे में ईश्वर से प्रोटेस्ट भी करता है और शिकायत भी। वह उसे भगवान् कहता है। यहाँ से ईश्वर की सत्ता का नकार शुरू होता है। इसके बाद हिन्दी पट्टी चुप हो गयी या चुप रहने को मजबूर बना दी गयी। अस्सी के दशक में हिन्दी भाषी क्षेत्र फिर सक्रिय हुआ। महाराष्ट्र में आत्मकथा के बाद कविताओं में जो पहली प्रवृत्ति पनपी, वह बाबा साहब आम्बेडकर की वन्दना की थी। जिन्हें ये ज्ञान ही नहीं था कि उन पर जुल्म हो रहा है, वे भी इन्सान हैं, उन्हें बाबा साहब आम्बेडकर ने मनुष्यता का ज्ञान कराया तो सर्वप्रथम उनके प्रति वन्दना में सदियों से अवरुद्ध वाणी फूट पड़ी और

कँवल भारती वन्दना में कह उठे—

जो मुक्ति संग्राम लड़ा था तुमने
वह जारी रहेगा उस समय तक
जब तक कि हमारे
मुरझाये पौधे के हिस्से का सूरज
उग नहीं जाता।
वे उनसे ये भी अपेक्षा करते हैं—
रचो ऐसी पारमिताएँ
कि हम बन सकें एक राष्ट्र।

(तब तुम्हारी निष्ठा क्या होती)

फिर सदियों का आक्रोश जो सब्र, धैर्य, नियति, भाग्य और पिछले जन्म का कीट व क्रीतदास बनकर, रीविहीन (Spineless) होकर जमीन पर औंधा पड़ा था, वह भाषा, भाव, कल्पना सबकी दीवारें फोड़कर एकाएक तनकर खड़ा हो गया और फुफकारने लगा और जयप्रकाश कर्दम के सुर-में-सुर मिलाकर चुनौती देने लगा—

आँधियों
अब हवा हो जाओ
ज्यादा फाय-फाय
मत मचाओ
बहुत आतंक मचा लिया है तुमने
तुम्हारे आतंक से नहीं डरेंगे
तुम्हारे प्रहारों से
नहीं गिरेंगे / दरख्त हो गये हैं अब
मेरी बगिया के पेड़ और उनका आक्रोश-
तमाम विरोधों और दबावों के बावजूद...

तमाम हौसलों के साथ /
हाथों में खंजर लिये वह दमन की दहलीज पर खड़ा है
और ललकार रहा है चीखकर
बाहर निकल हरमजादे / तेरी ऐसी की तैसी।

(गूँगा नहीं था मैं)

संग-संग आयी सदियों की पीड़ा की दास्तान सुनाने की प्रवृत्ति जो केवल दास्तान नहीं सुनाती बल्कि समाज बदलने का संकल्प भी देती है और गैर-दलितों का मन तथा दृष्टिकोण बदलने के साथ-साथ उनके न्याय की लड़ाई में शामिल होने का सन्देश भी देती है।

मनुष्य का अपना जीवन सबसे अधिक प्रामाणिक होता है, इसलिए दलित साहित्य में आत्मकथा लिखने की प्रवृत्ति सबसे पहले आयी जो यथार्थ पर खड़ी हुईं, कल्पना पर नहीं। आनन्द की नहीं वह परिवर्तन की प्रेरक बनी लेकिन हिन्दी में आत्मकथाएँ बहुत बाद में लिखी गयीं। केवल दो कृतियाँ मोहनदास नैमिशराय की 'अपने-अपने पिंजरे' और ओमप्रकाश बाल्मीकि की 'जूठन' ही इस दिशा में आयी हैं। अगर व्यापक रूप से देखा जाये तो दलित साहित्य की प्रवृत्तियों को दो भागों में बाँटा जा सकता है—अस्वीकार यानी नकार और स्वीकार।

अस्वीकार के तहत भगवान, भाग्य, पूर्वजन्म का फल, पुरानी परम्पराएँ, विकृत रूढ़ियाँ, हिन्दुत्ववाद का आडम्बर, दो मापदण्डों वाली भारतीय संस्कृति और उसकी उच्च जातियों के अहम्, दम्ब तथा स्वार्थ को महिमामण्डित करती हुई उनकी गौरव गाथाएँ, चमत्कार, मनगढ़न्त इतिहास, शास्त्र, पुराण, स्मृतियाँ, श्रुतियाँ और आर्यों द्वारा भारत के मूलनिवासियों को असुर, राक्षस कहकर अपमानित करने की योजनाबद्ध ऐतिहासिक साजिश तथा शूद्रों के शास्त्र-सम्मत परम्परागत शोषण का नकार है। मोहनदास नैमिशराय ने तो ईश्वर के होने पर ही प्रश्नचिह्न लगा दिया है। वे कहते हैं—

ईश्वर की मौत
उस पल होती है
जब मेरे भीतर उठता है सवाल ईश्वर का जन्म
किस माँ की कोख से हुआ
ईश्वर का बाप कौन?...

कुछ कविताओं में प्रतिशोध की प्रवृत्ति भी है। यह प्रवृत्ति मानवीय स्वभाव के कारण है, दलित होने के कारण नहीं। ऐसे तो वर्ग-क्रान्ति के समर्थक लेखकों ने भी पूँजीपति और सरमायेदारों के खिलाफ प्रतिशोधात्मक साहित्य लिखा है, जिनकी चर्चा लोग नहीं करते। पूरा हिन्दू शास्त्रीय साहित्य प्रतिशोध और दण्डात्मक प्रवृत्तियों से भरा पड़ा है। हिन्दुओं का महाभारत हो या देवता और दानव युद्ध, प्रतिशोध पर ही आधारित हैं, इसलिए इस प्रकार आरोप का सरलीकरण उचित नहीं है। उसकी

भावना का सही अर्थ पहचानना होगा—शब्दार्थ नहीं। दरअसल ये उनका आक्रोश है। जब केवल भारती कहते हैं—

क्रान्ति की भाषा सुन्दर नहीं होती जैसे कि अखबार
जो तुम्हें रोज गुदगुदातें हैं ये बताओ बलात्कार की शिकार
तुम्हारी माँ की भाषा कैसी होगी?.....

(तब तुम्हारी निष्ठा क्या होती)

तो वे प्रतिशोध व्यक्त नहीं करते बल्कि अपनी स्थिति में गैर-दलितों को रखकर पूछना चाहते हैं कि तब तुम्हें कैसा लग सकता है? वे उनके विवेक को जगाते हैं ताकि वे भी जुल्म के खिलाफ उनकी लड़ाई में शामिल हो सकें और अपने पुरखों के कारनामे पर शर्माएँ। गैर-दलितों पर शंका की प्रवृत्ति भी इनकी रचनाओं में हावी होती है। जब डॉ. एन. सिंह कहते हैं—

ये समरसता की रामनामी ओढ़कर
वे फिर आ गये हैं भूलो मत ये वही हैं।...

(दलित चेतना-कविता)

इस प्रकार दलित लेखक और गैर-दलितों की सहानुभूति के बावजूद उनके सम्बन्ध में अपने युग-युग के सामुदायिक अनुभवों के कारण संशकित भी मालूम पड़ते हैं। इसमें कुछ भी अस्वाभाविक नहीं हैं। प्रतिशोध को वाणी देते मलखान सिंह जब कहते हैं—

मरने की सोची हमने अब तू केवल सुअरों का
कलेजा चाक करना सिखा दे हमारी बस्ती में टँगी
स्वर्ग की नसैनी तोड़ चूल्हों में जला दे
तब देखना इतनी आग उगलेगी
यह काली धरती कि आकाश जल जायेगा।

ऐसा नहीं कि दलित केवल गैर-दलितों पर ही मनुवादी प्रवृत्तियों को लेकर चोट करते हैं। मोहनदास नैमिशराय ने अपनी कहानी में एक दलित अफसर द्वारा एक दलित चपरासी के प्रति गैर-दलितों से भी अधिक भेद-भावपूर्ण व्यवहार का चित्रण भी किया है। प्रख्यात आलोचक कँवल भारती ने दलितों में उभरते नव ब्राह्मणवाद पर भी कसकर चोट की है। सुशीला टाकभौरे ने दलितों में व्याप्त दुर्व्यसनों, कुरीतियों तथा अन्धविश्वासों पर उन्हें लताड़ा है। दलित साहित्य में दलितों के भीतर फैले मनुवाद के खिलाफ भी लिखने की प्रवृत्ति काफी व्याप्त हो रही है। भागीरथ मेघवाल दलित समाज को परम्पराओं और रूढ़ियों का मोह छोड़ने के लिए कहते हैं—

‘वक्त के सामने
दीवार बनकर खड़े मत रहो
लकीर के फकीर बनकर अड़े
मत रहो
बन्दरिया के लिपटाये रखने से
उसका मरा बच्चा जी तो नहीं जाता।’

(दलित चेतना -कविता)

हिन्दी दलित साहित्य में व्यक्तिगत संवेदनाओं की अनूठी बारीकियाँ प्रस्तुत करने की प्रवृत्तियाँ भी विकसित हो रही हैं, भले ही वो कम हैं। ओमप्रकाश ‘वाल्मीकि’, कँवल भारती, जयप्रकाश कर्दम, ‘श्यौराज सिंह’ ‘बेचैन’, गंगाराम परमार, मलखान सिंह तथा सुशीला टाकभौरे इन ऊँचाइयों तक पहुँच रहे हैं हालाँकि अभी भी दलित साहित्य में बहुतायत ऐसे विचारों और भावों की कमी हैं जिन्हें सामुदायिक, सामूहिक या दलित जातियों के भावों के रूप में ग्रहण किया जा सकता है, लेकिन यह सम्मान विकास पर है। इस प्रवृत्ति के कारण व्यापक सत्य का आग्रह बड़ी प्रखरता से प्रकट हो रहा है और विशेषता यह है कि उस व्यापक सत्य से सामुदायिक तादात्म्य के कारण कवियों और लेखकों की व्यक्तिगत आसक्ति प्रायः परिलक्षित होती है, जो उनके लक्ष्य की प्राप्ति के लिए जरूरी है। दलित होने के कारण अपमानित होने को बड़े सूक्ष्म ढंग से चिड़िया के प्रतीक से व्यक्त किया है कँवल भारती ने...

चिड़िया भूखी थी
इसलिए गुनहगार
मारी गयी वह चिड़िया
जो भूखी थी
लेकिन गोरख पाण्डे ने गलत लिखा था
वह चिड़िया भूख से नहीं
चिड़िया होने से पीड़ित थी
वह कैसे जानता गरीबी नहीं
सामाजिक बेइज्जती अखरती है

दलित साहित्य मनोरंजन या आनन्द उठाने का साहित्य नहीं है। ये प्रतिबद्ध, अनुबद्ध, कटिबद्ध, परिवर्तन कामी प्रवृत्तियों से भरा साहित्य हैं जो अतीत से नहीं वर्तमान से सीखता है और भविष्य को बनाने में विश्वास रखता है। ये दलितों को धर्म और

उसके अन्धविश्वासों से मोहभंग करने के लिए यदि नकार का प्रयोग करता है तो नये समाज का निर्माण करने के लिए स्वीकार का प्रयोग भी करता है।

इक्कीसवीं सदी की कविता संक्रमण के इस दौर का बड़ी तटस्थता के साथ विश्लेषण कर रही है, वह उन संकटों की चर्चा कर रही है, जो इस आधुनिक उत्तराधुनिक दौर ने स्त्रियों पर लाद दिये हैं। यूँ तो इन संकटों से पुरुष भी मुक्त नहीं है मगर इसमें कोई दो राय नहीं कि इस संकट की मार स्त्री सम्भवतः अधिक झेल रही है। भूमण्डलीकरण और बाजारवाद के इस दौर में उसकी स्थिति 'सैंडविच' जैसी बन गयी है। एक ओर वह छुई-मुई-सी गुड़िया है तो दूसरी ओर बाहरी-भीतरी दबावों ने उसे कुचलकर रख दिया है।

छायावादी कविता भी स्त्री चित्रण के सन्दर्भ में अपनी पूर्ववर्ती कविता द्वारा बनायी गयी लीक नहीं तोड़ती, बल्कि कभी 'नारी, तुम श्रद्धा हो' तो कभी 'मैं नीर भरी दुःख की बदली' कहते हुए लीक का रक्षण ही करती है। इड़ा के रूप में, बेशक, छायावादी कविता में स्त्रीत्व के ओजपूर्ण दर्शन हो सकते थे लेकिन हिन्दी की छायावादी कविता भी 'तर्क' बर्दाश्त नहीं कर पायी और 'तर्कजाल' से परिपूर्ण इड़ा के चरित्र में निहित ओज को बड़ी ही खूबसूरती के साथ एक स्त्री की अस्मिता से मोड़कर व्यापक लोक-कल्याण और मानवता की 'महान्' भूमि पर लाकर छोड़ दिया गया। कविता में स्त्री के अस्तित्व को लेकर जीवन्त बहस छिड़ने के पहले ही अज्ञेवादि ने अपने 'उमड़े लहू की धार एवं अभिशप्त प्यार को शीतल करने के लिए पुनः 'आह! तुम कहाँ हो नारी' की पुकार मचायी और स्त्री एक बार और भोगदासी के रूप में स्थापित कर दी गयी।

इस समय के रचनाकार व्यवस्था को समझने और विश्लेषित करने की कोशिश में जुट गये। इसी क्रम में कविता के घिसे-पिटे औजारों को बदलने की दरकार अधोरेखांकित की गयी—

'कला को
इस हद तक कि
माँजा और निखारा जाये
सच के बारे में
लिखी जा सके
एक सीधी-सादी
छोटी-सी कविता।'

(कात्यायनी)

'सच के बारे में सीधी-सादी कविता' लिखना मामूली काम नहीं था। लेकिन इस समय के रचनाकार इस दायित्व को खूब निभा रहे हैं। इस समय समाज और साहित्य में स्त्री की उपस्थिति का सब बड़ा बहुआयामी है, इतना बहुआयामी कि पुरुष सत्तात्मक व्यवस्था की परत-दर-परत खोलकर उसे लाजवाब कर देता है।

स्त्री के साथ हुए अन्याय को लेकर भी बहुत बातें हुईं। मिथकों के माध्यम से आदिम काल से लेकर अब तक की उसकी अस्तित्वहीन स्थिति को लेकर अभिव्यक्ति हुई—

'खुदाई में न माया मिली
न राम,
मिला स्त्री का कंकाल
राम के जमाने का
जिसका कोई ज़िक्र नहीं रपट में

(सन्दर्भ : काल बाँका-तिरछा-लीलाधर मण्डलोई)

वैसे रोती-धोती, अन्याय-अत्याचार को सहती स्त्री के चित्र रचनाकारों ने बड़ी संवेदना के साथ चित्रित किये हैं, उसके रोने-धोने की मीमांसा की है, व्यवस्था द्वारा उस पर होने वाले अन्याय-अत्याचार के कारणों का विश्लेषण भी किया है।

स्त्री कई बार इस बात से नाराज परेशान दिखती है कि वह क्यों अपने हजारों वर्षों के संस्कारों का बोझ आज भी ढो रही है? क्यों वह अपनी एक स्वतन्त्र भाषा, स्वतन्त्र दृष्टि का उचित विकास नहीं कर पा रही है। अपनी इस आदत के लिए वह तथाकथित स्त्रीवादियों की भाँति पुरुष को जिम्मेदार मानने का आसान रास्ता नहीं चुनती बल्कि अपनी सोच एवं मानसिकता का तटस्थ मूल्यांकन करती है-

'यह कैसी विडम्बना है
कि हम सहज अभ्यस्त हैं।
एक मानक पुरुष दृष्टि से देखने
स्वयं की दुनिया
मैं स्वयं को स्वयं की दृष्टि से मुक्त
करना चाहती हूँ।'

(निर्मला पुतुल)

अपने अस्तित्व को कुचलने के लिए वह पुरुष की तुलना में खुद को अधिक दोषी मानती है। ऐसी ही समझौता परस्त गुलामी का आनन्द भोगती स्त्री पर व्यंग्य कसते

हुए, उसकी मजबूरी को अधोरेखांकित करते हुए अनामिका कहती है—'धीरे-धीरे मैं भी हो गयी पालतू' लेकिन पति के मीठे लगते खर्राटों के बीच भी उसे कहीं अपनी आवाज सुनायी देने का आभास होता है जो उसकी स्वाभाविक आकांक्षा को व्यक्त करता है।

दो राय नहीं कि स्त्री पुरुष विरोधी मानसिकता नहीं रखती बल्कि वह पुरुष की उस मानसिकता का विरोध करती है जो उसे किसी भी तरह अपनी 'सुपरमेसी' से मुक्त होने ही नहीं देना चाहता लेकिन अपनी 'सुपरमेसी' बनाये रखने के लिए (पुरुष के नहीं) पुरुष सत्तात्मक संस्कारों के एक-एक हथियार से वह भली-भाँति परिचित है। तभी तो वह बिना हो-हल्ला मचाये, बड़ी शान्ति के साथ इस व्यवस्था का विरोध करती है—

'मैंने आगे बढ़ना चाहा
पुरुष ने हाथ थाम लेने को कहा
मैंने मना कर दिया
तो उसने ठोकरें लगायीं लड़खड़ायी गिरी, उठी और आगे बढ़ी
उसने आगे बढ़कर रास्ता रोक लिया
मैंने धीरे से उसका हाथ हटाया और आगे बढ़ गयी
वह सह न सका मेरी स्वतन्त्रता
बाँहों में बाँध लेने को मुझे प्यार और चुम्बनों का ताना बाना बुना
जाल बनाया और फेंका मेरे ऊपर मैंने झेला वह वार भी
और निकल आयी व्यूह से बाहर
तब उसने मुझे, आरोपों के दल-दल में धकेला
ताकि उसका
उस पुरुष का
जिसने आज तक
संसार में कायम रखी अपनी सुपरमैसी
का मैं मान लूँ लोहा
पर मैंने उसे न माना न माना न माना'

(न माना—रमणिका गुप्ता)

अब जो कविता लिखी जा रही है, वह इस मायने में भी विशेष है कि इस कविता में स्त्री अपने विद्रोह को विवेक की चौखट में फिक्स कर पेश कर रही है। उसकी

अपनी एक भूमिका है, एक स्ट्रैटेजी है जिसके अन्तर्गत वह पुरुष घृणा से नहीं करती बल्कि उसका साथ चाहती हैं, कहती भी है कि—

'तुम साथ देते तो मैं बंजर धरती पर
प्यार के बिरवे कई कई बार रोप आती।'

आज की कविता में स्त्री और उसकी दुर्दशा का वर्णन, शोक आदि कम मनाया गया है और इसके विपरीत उसके इन्सान होने के हक को मनवाने का इरादा ज्यादा मुखर है। आज की कविता में स्त्री का इस पितृसत्तात्मक व्यवस्था में 'दोयम लिंग उपेक्षिता' होने का वर्णन अवश्य पाया जाता है। इसके साथ ही इक्कीसवीं सदी की कविता स्त्री के अस्तित्व को सहर्ष स्वीकार करते हुए यह कहती भी है—"एक स्त्री के कारण तुम्हें मिल गया एक कोना तुम्हारा भी हुआ इन्तजार एक स्त्री के कारण तुम बार-बार चकित हुए एक स्त्री के कारण एक स्त्री बची रही।"

सम्भवत: पहली बार ऐसा हुआ कि पुरुष के सन्दर्भ में स्त्री को नहीं बल्कि स्त्री के अपने सन्दर्भ में स्त्री को पहली बार आँका गया। अब कह सकते हैं कि आज इक्कीसवीं सदी की इस कविता में स्त्री की अस्मिता को लेकर, उसके अस्तित्व को लेकर जीवन्त बहस छिड़ चुकी है। अब वह अपने 'होने पर शर्मिन्दा नहीं बल्कि गौरवान्वित है। नारी विमर्श की इस धमक को वर्तमान कविता में अत्यधिक स्पष्ट रूप में देखा जा सकता है।

मलयालम दलित साहित्य और नारी

इक्कीसवीं सदी विमशो की सदी है। दलित, स्त्री, परिस्थिति, आदिवासी, किसान, अल्पसंख्यक, दिव्यांग, तृतीय लिंगी विमर्श आदि इक्कीसवीं सदी के प्रमुख विमर्श हैं। इन्हें अस्मितामूलक विमर्श भी कहा जाता है। इन विमर्शों का लक्ष्य दरअसल मानव की मुक्ति एवं जीवन का जनतन्त्रीकरण है। सामाजिक, आर्थिक, राजनीतिक आदि तमाम स्तरों पर अपनी हिस्सेदारी और अधिकारों को प्रतिष्ठित करना हाशिये की उपर्युक्त अस्मिताओं का ध्येय है। इन अस्मिताओं का स्वर उभरने के कारण वर्ग, वर्ण जाति, लिंग, स्थानिकता, सांस्कृतिक पहचान, विस्थापन के परे समता, न्याय, अधिकार और आत्मसम्मान के लिए प्रतिरोध, आन्दोलन और अभियान चलाये जा रहे हैं। इन विमर्शों ने समाज में वर्चस्वों का प्रतिरोध किया है। लोकतान्त्रिक-बोध अस्मिता विमर्श की मूल शर्त है। दलित विमर्श भी इस लोकतान्त्रिक बोध को दर्ज करता है।

वर्ण जाति पर आधारित समाज में निचले पायदान पर धकेल दिये गये लोग हैं। दलित उनके आक्रोशपूर्ण आवाज को सामान्य रूप से दलित विमर्श कहा जा सकता है। यह आक्रोश कुचली हुई अस्मिता की अभिव्यक्ति है। अस्मिता या सामाजिक पहचान का प्रश्न दलित विमर्श का केन्द्रीय विषय है। दलित विमर्श का साहित्य यानी दलित साहित्य अनुभव की प्रामाणिकता पर चल देता है। मलयालम में दलित साहित्य की एक अलग विरासत है। इन रचनाओं में ही अपनी जिन्दगी की परेशानियों और सामाजिक व्यवस्था को प्रस्तुत करने की कोशिश की गयी है। मलयालम की अक्सर सभी विधाओं में दलित साहित्यिक रचनाएँ मिलती हैं। मलयालम कविता में दलित विमर्श की एक सुदृढ एवं सशक्त परम्परा मौखिक रूप में प्रारम्भ से ही मौजूद है। किन्तु लिखित परम्परा में उसकी नींव डालने का श्रेय पं. के. पी. करुप्पन को है। करुप्पन ने अपनी रचनाओं में पैगम्बराना अन्दाज में दलित अस्मिता की अभिव्यक्ति की है। करुप्पन ने एक क्लर्क के रूप में नौकरी शुरू की। वहाँ से उनका तबादला एरणाकुलम के क्राइस्ट स्कूल में संस्कृत मुंशी के रूप में हुआ। यह बड़ी हड़कम्प का कारण बना। वह सवर्ण छात्राओं के लिए स्थापित स्कूल था। जब उनका तबादला इधर हुआ तो अभिभावकों ने अपनी बेटियों को स्कूल नहीं भेजा। सवर्ण अध्यापक छुट्टी लेकर घर बैठे। यह बात महाराजा के कान में पहुँची तो उन्होंने आदेश जारी किया कि अध्यापक या छात्राएँ कोई भी चला जायें, करुप्पन को नहीं हटाया जायेगा। महाराजा तो करुप्पन के संस्कृत पाण्डित्य से बहुत प्रभावित थे। पं. के.पी. करुप्पन की 'बालाकलेशम्' (1913) 'जाति-कुम्मी' (1914) एवं 'उद्यानविरुन्नु' (गार्डन पार्टी-1926) उनकी बहुचर्चित रचनाएँ हैं।

पं. करुप्पन के बाद निरणम एम.पी. केशव, कल्लड़ा शशि, के. तंकप्पन, राघवन अत्तोली आदि ने मलयालम कविता में दलित विमर्श की परम्परा को आगे बढ़ाया। दलित स्वत्व अभिव्यक्ति कल्लड़ा शशि की कविताओं की सबसे बड़ी विशेषता है। भारत की बेटी', 'मकड़ी', ' (ढोल), 'पहला पाप', काले बादल, कांस का दिया' (चिराग) अय्यनकाली, पीड़ितों के युद्ध के...' आदि उनकी रचनाओं में प्रमुख हैं। 'बनकाली' उनका एक लघु काव्य है। अलकानी केरल के दलित जागरण के अगुआ थे। इसमें शशि ने लिखा उत्पीड़ित दलित जनता की रंग में जागरण का लहू भर दिया तुमने प्रचण्ड बन अदृश्य बन तुम उत्थान कर्मों में पीड़ित की प्रेरणा बनो।

के. तंकम्पन आधुनिक युग के ऐसे कवि हैं, जिनकी कविताओं में भोगे हुए यथार्थ की अभिव्यक्ति हुई है। दलित समाज के लिए जागरण गीत रचने वाले इस

कवि का कहना है कि सिर्फ सिद्धान्त सेमिट्टी और मानव के सम्बन्ध को परिभाषित करना मुश्किल है। इसके लिए सत्यबोध की आवश्यकता है। 'चटाई पुराण', 'अरथी उठाने' वाले, 'बपौती', 'इतिहास', 'शक्तिगीत', 'स्त्री पर्व', 'बलि', भूमि आदि तंकम्पन की प्रौढ़ कविताएँ हैं।

'चटाई पुराण' एक ऐसी कविता है जिसमें हमारी सड़ी-गली सामाजिक अवस्था की ओर इशारा किया गया है। इस सड़ी-गली सामाजिक व्यवस्था रूपी चटाई पर लेटने से दलित समाज की जिस्म खुजलाने लगी है। इस पर कवि के मन में असन्तुष्टि है। कवि कहते हैं—

'इस चटाई पर लेटकर
मेरी जिस्म यह खुजलती है।
हमारी यह जिस्म
किसी से बिछाई गयी
इस पुरानी चटाई पर लेट

मेरे अपने बन्धु
सह-गल मरते हैं।'

चटाई वास्तव में हमारी सड़ी-गली सामाजिक व्यवस्था है, जिसे बदलने की जरूरत है। कवि यहाँ आह्वान करते हैं कि अब वक्त आया है मौन के कारागार तोड़ने का और व्यवस्था को बदलने का।

राघवन अत्तोली एक प्रतिबद्ध कवि एवं शिल्पी हैं। वे अपना परिचय इस प्रकार कराते हैं—

'एक जनता की, राष्ट्रीय धारा की जनता की
दलित राष्ट्रीयता की, सांस्कृतिक स्वत्व की
स्थापना के लिए, कविता और मूर्ति बनाकर
बाह्मणिक मूल्यों से झगड़ा करने वाला
पागल कवि हूँ मैं।'

दलित कविता ने उत्तर-आधुनिक काल में बहुत अधिक महत्त्व प्राप्त किया है। यह कविता दरअसल उन लोगों के अनुभवों और अभिव्यक्तियों को प्रस्तुत करती है जो निम्न वर्ग के साथ-साथ उत्पीड़ित भी हैं और कुलीन संस्कृति से अलग हैं। 1990 के दशक के बाद, दलित कविता ने मलयालम साहित्य की मुख्यधारा में अपनी

उपस्थिति मजबूत की मलयालम में दलित कविता का विकास दलित लेखकों के साथ हुआ है। दलित जीवन, जिसे साहित्य जगत में केवल कुलीन लेखकों के दलित आख्यानों द्वारा ही चिह्नित किया गया था, स्वयं दलित लोगों द्वारा सुनाया जाने लगा। इससे दलित कविता का विकास हुआ। दलित कवियों ने जब अपना जीवन लिखना शुरू किया था, तब उसमें जीवन्तता आ गयी। दलित जीवन का जीवन्त अनुभव दलित कविता में ही दिखाई देता है। नब्बे के दशक के बाद दलित कविता को पोषित करने वाले कवि हैं—एस. जोसेफ, एम.आर. रेणुकुमार, एम.बी. मनोज, धन्या. एम. डी. विजिला चिरप्पाड आदि।

कविता की मुख्य धारा की राहों से अलग होकर ग्राम्य भाषा के लावण्य को मलयालम में लाने वाले कवि हैं एस. जोसफ 'काला पत्थर', 'मछी वाला', 'चकोर की कूक' को खींचा जाता है', 'पहचान पत्र' आदि उनके प्रमुख काव्य संकलन हैं। 'चकोर की कूक को खींचा जाता है' के लिए केरल साहित्य अकादमी पुरस्कार (2014) भी उन्हें प्राप्त हुआ है। एस. जोसफ ने विमर्श के जरिए दलित जीवन को मलयालम कविता में उभारकर बड़ी सफलता हासिल की है। वे लिखते हैं—

विलुप्त होने के कगार पर खड़े
मेरे कबीले के लिए मैं चुपके से रोता हूँ

अपने वंशजों के लिए रोना भी एक प्रकार की प्रतिक्रिया है। वाक्कुकळ (शब्द) शीर्षक कविता का दलित अनुभव बहुत ही मार्मिक है—

न सुन जाने के कारण,
मींड बना रहे मेरे चचेरे भाई के ऊपर
चट्टान गिर गयी तो उसकी मौत हो गयी

दलित चेतना और दलित पहचान का विकासात्मक स्वरूप एस. जोसफ की कविताओं में मिलती है। अपनी जल शीर्षक कविता में उन्होंने दलित जीवन की पहचान के संकट को सूक्ष्मता के साथ चित्रित किया है—

पहले हमारे पास कोई कुआँ नहीं था
हम कुंशा के घर पानी भरने जाते थे
वे आँगन में ऊपर खड़े होकर बाल्टी में पानी भरते थे
हम नीचे खड़े होकर सुपारी के पत्ते से बनी बाल्टी से।
आज हमारे पास कुआँ है, लेकिन पानी नहीं है—
हमने कुएँ को उलटा कर चार घड़ों में पानी भर दिया।

जोसफ ने इस कविता में अतीत में हुए शोषण की स्थिति को प्रस्तुत किया है। जब उनका अपना कुआँ नहीं था, 'तब वे दूसरे के कुएँ से पानी भरने जाते थे। वर्तमान स्थिति यह है कि अपने पास कुआँ हैं, लेकिन उस कुएँ में पानी नहीं है। जातिवाद और अस्पृश्यता का चित्रण भी कविता में हुआ है। नीचे खड़े होकर पानी भरने की बात इसकी ओर इशारा करती है। कुआँ, लोहे की बाल्टी, सुपारी के पत्ते से बनी बाल्टी, ऊपर खड़े होना, नीचे खड़े होना आदि शब्दों के प्रयोग से अस्पृश्यता और ऊँच-नीच के भेदभाव को अंकित किया गया है।

एस. जोसफ की कविता काला पत्थर निम्नवर्गीय जीवन के दर्दनाक अतीत को उजागर करती है। यह कविता दलित राजनीति के गहन अनुभव को भी दर्शाती है।

'काले पत्थर के बाहर बैठना
मुझे याद है जब मैं छोटा था
मेरे सामने पैदा हुआ पत्थर
मेरा काला पत्थर।'

कवि ने काले पत्थर को भेदभाव भरे अपने पिछले जन्मों की यादों के रूप में प्रस्तुत किया है। साथ-ही-साथ इस पत्थर को भेदने और अपने पूर्वजों के जीवन के दर्द, उनके द्वारा अनुभव लिये गये कष्ट और उत्पीड़न की खोज करने की कोशिश भी की है। कवि से आपने पूर्ववर्तियों की जीवन स्थितियों की खोज की है जो अभिजात वर्ग के शोषण के शिकार थे।

इतिहास में स्थान न मिले हाशियेकृतों की संवेदना को उभरने वाले युवा कवि हैं एम.आर. रेणुकुमार। दो दशकों से काव्य जगत में सक्रिय रेणु ने मलयालम काव्य जगत में अपना स्थान बना लिया है। भेदभावहीन दुनिया का सृजन इस संवेदनशील कवि का लक्ष्य है। अपनी यादें ही उनकी कविता का ईंधन है और दलित अनुभव उनकी कविताओं की आत्मा है। कच्चे खेत, विषबीज, हरी बोतल एवं लालची उनके प्रमुख काव्य संकलन हैं। लालची के लिए केरल साहित्य अकादमी पुरस्कार भी उन्हें प्राप्त हुआ है। एम.आर. रेणुकुमार चिन्तनशील युवा दलित कवि हैं। उनकी तमाम कविताएँ अपने समय और समाज को देखकर उपजी प्रतिक्रियाएँ हैं। उनकी कविताएँ सामान्य काव्य उपकरणों, बेहद मामूली प्रतीत होते दृश्यों और अजटिल भाव रूपों से रची-सजी हैं। उनमें दलित जीवन की स्थिति की गहराई पहचान और ज्वलन्त वर्तमान की सूक्ष्म अभिव्यक्ति हुई है। उनकी कविता में यह देखा जा सकता है—

"कौवा का उतरने से पहले जागना चाहिए
दूधवाले के आने से पहले गोबर को साफ करना चाहिए
खलिहान को साफ करना चाहिए
दूध देने वाले बर्तन, तेल की बोतल को दूर ले जाना चाहिए।"

यह कविता दलित जीवन के दयनीय स्वरूप को उजागर करती है। एक दलित का दैनिक जीवन ऐसे ही चलता है। कवि दलितों की जीवन स्थितियों को प्रस्तुत करता है, जो अभिजात वर्ग के घर में काम करते हैं और अल्प मजदूरी के माध्यम से अपनी आजीविका कमाते हैं।

रेणुकुमार अपनी कविता 'स्मृति की छाया' में कहते हैं—

"चावल में पत्थरों की तरह"
विस्मृति के बीच, इधर उधर यादें।

यहाँ भी रेणुकुमार ने अपने पूर्वजों द्वारा झेली गयी दर्दनाक पीड़ाओं को याद किया है। अतीत की अविस्मरणीय वे यादें आज भी मौजूद हैं। उनकी कविताएँ मुख्य धारा साहित्य, पूँजीवादी संस्कृति और हाशियेकृत लोगों के जीवन की दीनता एवं भाषाशैली से भरपूर है।

मलयालम की स्त्री कवियों ने भी दमित जीवन को उभारा है साथ ही अपने अस्तित्व को भी चिन्हित किया है। दलित नारी दूसरों के लिए जीती-मरती-खपती है। दलित स्त्री कवि यह विचार रखती है कि स्त्री के तमाम शोषण अत्याचार का कारक हमारी समाज व्यवस्था है, जिसमें बदलाव की बहुत जरूरत है। एम.डी. धन्या, अम्बिका प्रभाकरन, राधामणि एम. आर. अम्मु दीपा, विजिला चिराण्पाद, सति अंकमाली, आशा एम., विनीता, अरूंधती, मधुमेघा, के. के. निर्मला, मुदिता, लिसा. पी., प्रीता के ओमानूर, अजित, मागी डानियेल, इन्दुश्री एरविमंगलम, बिनसी मरिया एम., पुष्पा जोयी, अनीता एम.ए., सिन्धु ए., अनिमोल यू. एन. आदि मलयालम की प्रमुख दलित स्त्री कवि हैं।

साहित्यिक जगत में दलित विमर्श को प्रासंगिक बनाने वाला प्राथमिक कारक यह है कि यह दलित जीवन को साहित्य की मुख्यधारा में लाने में मदद करता है, जिसे साहित्य जगत में मौजूद आभिजात्यवाद ने अदृश्य बना दिया था। दलित विमर्श ने दलित लोगों के सशक्तीकरण में सुगत कुमारी का नाम उल्लेखनीय है। इनके अतिरिक्त रत्नम्मा, वत्सला, अबिता तथा विजयलक्ष्मी भी सार्थक एवं सक्रिय लेखिकाएँ हैं।

गरीबी, दरिद्रता के जीवन जी रहे असहाय वर्ग की दयनीय अवस्था को अनेक हिन्दी एवं मलयालम कवियों ने अपनी अनेकानेक कविताओं में वर्णित किया। कवि 'निराला' ने 'भिक्षुक' कविता द्वारा भूख से व्याकुल व्यक्ति का मार्मिक चित्र प्रस्तुत किया है—" *वह आता—*

'दो टूक कलेजे के करता पछताता पथ पर आता
पेट पीठ दोनों मिल कर हैं एक,
चल रहा लकुटिया टेक
मुट्ठी भर दाने को भूख मिटाने को मुँह फटी पुरानी झोली को फैलाता
दो टूक कलेजे को करता पछताता पथ पर आता।'

स्त्री की दयनीय स्थिति से भी प्रगतिवादी कवियों की लेखनी अछूती न रहीं। मलयालम और हिन्दी काव्य में इन कवियों ने शोषित, दलित तथा पीड़ित नारियों को अपने काव्य का विषय बनाया स्त्री को भोग-विलास की सामग्री मानने वाले सामन्ती आदर्शों का विरोध किया। नारी की गरीब अवस्था को रेखांकित करते हुए प्रसिद्ध मलयालम कवि कुमारनाशान लिखते हैं—

"रेशमी वस्त्र नहीं, यौवन में युवती को
फटे कटे वस्त्रों में लाज छिपा लेती हैं।"

पूँजीवाद के युग को नारी का व्यंग्यचित्र प्रस्तुत करते हुए हिन्दी कवि पन्त लिखते हैं—

'सदाचार की सीमा उसके तन से है निर्धारित
पूर्व योनि वह मूल्य चर्म पर केवल उसका अंकित
अंग-अंग उसका नर के वासना चिह्न से मुद्रित
वह नर को छाया, इंगित संचालित, चिर-पद-कुण्ठित
वह समाज को नहीं इकाई शून्य समाज अनिश्चित
उसका जीवन मान मान पर नर के है अवलम्बित'

यहाँ कवि नारी के स्वतन्त्र अस्तित्व की वकालत करते हैं।

सावित्री राजीवन मलयालम की फेमिनिस्ट कवयित्रियों में आती हैं पर उनकी कविता नारी मुक्तिवादी दृष्टि के अलंकृत आडम्बर से मुक्त है। नारी की अस्मिता की खोज में लिखी उनकी 'प्रतिष्ठा' नामक कविता में कुछ धर्म सम्बन्धी संकेत मिलते हैं परन्तु वे संकेत मात्र हैं। उन संकेतों को बार-बार उदात्तीकृत करने के कारण मलयालम काव्य में सर्वधर्म समभाव उनका अर्थ नष्ट हो गया है। नारी को उन संकेतों से जोड़कर उसकी अस्मिता की अर्थहीनता का परिचय सावित्री ने

दिया है—

कभी मैं
बालों में तुलसी दल लगाए
माथे पर चन्द्रन तिलक लगाए
देवी हूँ। कभी
कृष्ण की लज्जाशील प्रेमिका नहीं तो
देवपुत्र की माँ कविता में
हवा में डोलता
पवित्रता का प्रतिबिम्ब
कीर्तन में
श्वेत कमल दारिक के कपाल के साथ खड़ी रक्त-चामुण्डी
मैं केवल मूर्ति में परिणत
एक घरेलू चीज हूँ।

मलयालम की प्रसिद्ध कवयित्री सुगत कुमारी ने वर्षों पहले 'कालियमर्दनम्' नामक कविता में श्रीकृष्ण के कालिय नाग के साथ संघर्ष को अपना विषय बनाया और उन्होंने श्रीकृष्ण के अहंभाव को व्यंजित करने वाले नृत्य के रूप में उस संघर्ष को चित्रित किया। उनकी बहुत सारी परवर्ती रचनाओं में श्रीकृष्ण और राधा का प्रेम, मान, विरह आदि विषय बने हैं। उनमें राधा का संकल्प 'कनुप्रिया' (धर्मवीर भारती) के राधा संकल्प के समान है। प्रायः अय्यप्प पणिक्कर की एक परवर्ती रचना 'गोपिका दण्डकम्' में भी यही भाव है परन्तु सावित्री की नारी-परिकल्पना वाली कविता में राधा की संकल्पना, जो एक संकेतभर है, आज के प्रसंग में अत्यधिक मूल्यवान है। उसी प्रकार ईसा की माता का उल्लेख भी धर्म की पवित्रता कभी धर्म-संकेतों को अपवित्र कर देती है। सावित्री का संकेत उस ओर ही है। एक समकालीन सत्य इस कविता में धर्म के संकेतों का सहारा लेकर अपनी गहराई का परिचय देता है।

सहायक ग्रन्थ सूची

1. *हिन्दी और मराठी दलित महिला काव्य लेखन एक तुलनात्मक अध्ययन* : डॉ. मिलिन्द सोमवंशी
2. *तुलनात्मक साहित्य : भारतीय परिप्रेक्ष्य* : इन्द्रनाथ चौधरी
3. *प्रसाद का काव्य* : प्रेमशंकर
4. *नाटककार भीष्म साहनी* : डॉ. सुरैया शेख
5. *कहानी साहित्य का तुलनात्मक अध्ययन : यशपाल और केशवदेव* : डॉ. सी.एम. योहन्नान
6. *हिन्दी साहित्य का सुबोध इतिहास* : बाबू गुलाबराय
7. *आकाशवाणी पत्रिका* : वर्ष-48, अंक 15 (1 आगस्त 1983)
8. *दलित और स्त्री विमर्श : विवध आयाम* : डॉ. जयश्री शिन्दे
9. *दलित चेतना साहित्यिक एवं सामजिक सरोकार* : रमणिका गुप्ता
10. *आधुनिक हिन्दी साहित्य का इतिहास* : डॉ. सत्यदेव मिश्र
11. *प्रेमचन्द और केशवदेव के उपन्यासों में सामाजिक समस्याएँ : एक तुलनात्मक अध्ययन* : प्रो. पी.जी. शशिकला
12. *मलयलम साहित्य का इतिहास* : डॉ के. भास्करन नायर
13. *मलयालम साहित्य का इतिहास* : पी.के. परमेश्वरन नायर
14. *केरल : साहित्य और संस्कृति* : डॉ. एन.पी. कुट्टन पिल्लै
15. *मलयालम साहित्य* : डॉ. अरविन्दन एम
16. *भारतीय भाषा का नाट्य साहित्य* : शान्ति मलिक।
17. *दलित साहित्य की वैचारिकी* : डॉ. आर. शशिधरन